# Afina
## LAS CUERDAS
## *de Tu Vida*

Brindándote balance y equilibro

MARÍA DEL C. JURADO BEQUER

Para otros materiales, visítanos en:
EditorialGuipil.com

*Afina las cuerdas de tu vida*
© 2023 por María del C. Jurado Bequer
Todos los derechos reservados

Publicado por **Editorial Güipil**
Miami, FL - Winston-Salem, NC. Estados Unidos de América

Reservados todos los derechos. Ninguna porción ni parte de esta obra se puede reproducir, ni guardar en un sistema de almacenamiento de información, ni transmitir en ninguna forma por ningún medio (electrónico, mecánico, de fotocopiado, grabación, etc.) sin el permiso previo de los editores, excepto para breves citas y reseñas.

Esta publicación contiene las opiniones e ideas de su autor. Su objetivo es proporcionar material informativo y útil sobre los temas tratados en la publicación. Se vende con el entendimiento de que el autor y el editor no están involucrados en la prestación de servicios financieros, de salud o cualquier otro tipo de servicios personales y profesionales en el libro. El lector debe consultar a su consejero personal u otro profesional competente antes de adoptar cualquiera de las sugerencias de este libro o extraer deducciones de ella. El autor y el editor expresamente niegan toda responsabilidad por cualquier efecto, pérdida o riesgo, personal o de otro tipo, que se incurre como consecuencia, directa o indirectamente, del uso y aplicación de cualquiera de los contenidos de este libro.

Versículos bíblicos indicados con NVI han sido tomados de la Santa Biblia, Nueva Versión Internacional, NVI. ©1999 por Bíblica, Inc. Usado con permiso de Zondervan. Todos los derechos reservados mundialmente. www.zonderban.com.
Versículos bíblicos indicados con RV60 han sido tomados de la Santa Biblia, versión Reina Valera 1960. ©1960 Sociedades Bíblicas en América Latina; ©renovado 1988 Sociedades Bíblicas Unidas. Utilizado con permiso. Reina Valera 1960© es una marca registrada de la American Bible Society.
Versículos bíblicos indicados con NTV han sido tomado de la Santa Biblia, Nueva Traducción Viviente, © Tyndale House Foundation 2008, 2009, 2010. Usado con permiso de Tyndale House Publishers, Inc., 351 Executive Dr., Carol Stream, IL 60188, Estados Unidos de América. Todos los derechos reservados.

Editorial *Güipil*

Editorial Güipil. Primera edición 2023
www.EditorialGuipil.com
ISBN: 978-1-953689-57-3
Categoría: Vida práctica / Inspiración

Lo importante es creer en ti y llegar. Pero recuerda, disfruta el camino y el proceso. No hay prisa. Es a tu tiempo, a tu ritmo, a tu velocidad, manteniendo siempre el balance y el equilibrio en tu vida.

¡Que disfrutes tu proceso tanto como yo!

Te presento a…

AFINA LAS CUERDAS DE TU VIDA

**AFINA LAS CUERDAS DE TU VIDA**

# Dedicatoria

A María, la niña que siempre escribía y buscaba cualquier papelito para plasmar sus pensamientos y vivencias. Por confiar en ti y no desistir.

A María, la adulta que no se dio por vencida y siguió con perseverancia sus sueños.

A mi esposo, Manolo, por apoyarme en mis sueños y en mis proyectos.

A mis hijos, Natalia, Jaime, Manuel y Alejandro, por apoyarme en este nuevo proyecto y confiar en mí. Gracias por existir y ser mi motor.

A mis padres, Luis y Carmen, por permitirme crecer en un hogar.

A mis hermanos, Luis y Byron, por siempre estar ahí para mí.

A mi hermana, Mory, por ser mi amiga y confidente.

A cada uno de mis pacientes-participantes, a los que he tenido el privilegio y la oportunidad de acompañar en sus procesos de vida. A ellos también les dedico este libro.

A mis amigos, mi familia extendida, por apoyarme con su presencia, en mi vida.

Sobre todo, te lo dedico a ti, lector, que hoy tienes estas páginas en tus manos. A ti que has decidido dar el paso y tomar este libro como instrumento de cambio en tu vida. Ya sea que te lo han obsequiado o que decidiste adquirirlo, ahora solamente resta que decidas estudiarlo y escudriñarlo. A ti te lo dedico y deseo que este libro transforme tu vida.

A todos ustedes, desde lo más profundo de mi alma, dedico este mi primer libro.

Agradecida,

María del C. Jurado Bequer

# Agradecimientos

A Dios, porque sin Él no hubiera podido empezar a escribir. Gracias, Señor, por permitirme realizar uno de mis sueños y verlo concluido. Gracias.

A la vida, producto de Dios, por haberme permitido nacer, vivir y escribir. ¡Gracias, vida!

A mi esposo y mis hijos, por ser fuente de mi inspiración cada día. Gracias, gracias, por tanto.

A mis padres, por ser un instrumento y darme la vida; por permitirme crecer en un hogar de mucho amor donde podía faltar cualquier otra cosa, pero no la fe en Dios. Gracias, viejos.

A mis hermanos, por enseñarme lo que es amor de hermanos, por pelearnos, reconciliarnos, compartir, hacer travesuras, llorar, reír, y por encima de todas las cosas, estar unidos como nos enseñaron nuestros padres. Gracias.

A mis abuelos, tíos y primos, por hacer de mi vida una completa y bella.

A mis amigos; no sé qué me haría sin ellos. Gracias por estar siempre.

A mis lectores, por confiar en mí y en este libro. Gracias por permitirme entrar a tu corazón y a tu vida. Gracias por darme el permiso.

A mis colegas psicólogos y tanatólogos, por apoyarme.

A cada persona que ha transitado mi vida, por la oportunidad de conocerlos y aprender; por dar y recibir.

A mis pacientes-participantes, por el aprendizaje. Por enseñarme el verdadero sentido de la vida, del dolor, del acompañamiento, de la empatía, de la compasión. Por permitirme entrar a sus aposentos. Por dar y recibir.

A Rebeca Segebre y todo el equipo de Editorial Güipil. Rebeca, gracias desde lo más profundo de mi corazón por creer y confiar en mí desde el primer día. Por acogerme como escritora y autora, y por el acompañamiento en todo este proceso. Gracias por la confianza, apoyo y dirección.

Mis bendiciones a todos y cada uno de ustedes.

«Agradece en todo cada día y verás el poder de dar gracias en tu vida.»

María del C. Jurado Bequer

# Contenido

Prólogo ........................................................................ 13
Introducción ............................................................... 15

## Primera Parte: Decide
1. Afina las cuerdas de tu vida y mantén armonía en tus 5 planos ............................................................... 23
2. Todo es cuestión de actitud ................................... 35
3. No dejes que te aprieten los botones ..................... 43
4. ¿Por qué escoger sufrir? ........................................ 49
5. No te rindas... No te quites ¡Sigue! ...................... 59

## Segunda parte: Aprende
6. Aprende a levantarte cuando caigas ..................... 69
7. Aprende a establecer límites ................................. 77
8. Aprende a perdonarte primero, luego perdona ...... 85
9. Aprender a sembrar lo que quieres cosechar ......... 97
10. Aprende a servir y sirve ...................................... 105

## Tercera Parte: Vive
11. Haz lo que te apasiona y hazlo con amor ............ 115
12. Agradece hoy, mañana y siempre ........................ 123
13. Saca tiempo para ti, contigo ¡Respira! ................ 131
14. Establece prioridades en tu vida ......................... 141
15. Deja huellas dignas de seguir por donde quiera que vayas ............................................................. 149

Acerca de la autora ..................................................... 159

# Prólogo

De forma imperceptible te has sentido atraído por el libro que tienes en tus manos. Crees que lo has elegido entre muchos otros, pero en realidad, él te ha escogido a ti porque compasivamente desea conducirte por un camino de crecimiento.

Para los que creemos en Dios, nada ocurre por casualidad, todo cuanto acontece va dando forma al propósito por el cual fuimos creados; propósito que vamos descubriendo poco a poco en esta maravillosa aventura que llamamos vida.

Hace muchos años, Dios me regaló el privilegio de conocer a María del C. Jurado Bequer. Nuestros caminos se encontraron en el Centro Buen Pastor donde ella realizó su práctica para convertirse en psicóloga. Desde el momento que la conocí, me impresionó su pasión, su entrega, su compromiso y amor para servir y ayudar a las personas a descubrir su potencial, muchas veces oculto por heridas emocionales y espirituales.

Al regalarnos este libro, María, —mujer inquieta y soñadora— desea que el lector se adentre en un proceso liberador que lo conduzca a conectarse con la esencia de su ser, desde donde emana la hermosura de lo que somos. Utiliza como medio su propio proceso de crecimiento y su conocimiento en el campo de la psicología, que le ha permitido acercarse de manera reverente y descalzada al misterio del corazón humano. En cada capítulo integra de manera clara y sencilla, su conocimiento y sus vivencias, y nos invita a transitar por un itinerario que tiene como fin ayudarnos a vivir y delinear nuestro propio camino de crecimiento personal.

Vivimos desde la convicción profunda de que todo ser humano es un misterio, y que debemos acercarnos a él como quien pisa tierra sagrada. Tu vida es tierra sagrada y a lo largo de las páginas de este hermoso libro queremos invitarte a desdibujar y recrear tu propio misterio para que reflejes y regales a la humanidad la hermosa obra que eres. ¡Bienvenida, bienvenido, a esta gran aventura!

Hna. Nancy Negrón Ortiz, mbp

# Introducción

Afina las cuerdas de tu vida es un libro realizado desde el corazón, con mucha entrega, entusiasmo y respeto al lector.

Luego de muchos años compartiendo y recibiendo vivencias, he aprendido la importancia de afinar. Veo la vida como un instrumento. Un instrumento formado por varias piezas que conforman el todo. Este sirve para hacer algo. Todos somos instrumentos y debemos tener un fin; nos toca a cada uno decidir si seremos instrumento de paz o de guerra. Ya lo decía San Francisco de Asís en su oración:

Oh, Señor… hazme un instrumento de Tu Paz.
Donde hay odio, que lleve yo el Amor.
Donde haya ofensa, que lleve yo el Perdón.
Donde haya discordia, que lleve yo la Unión.
Donde haya duda, que lleve yo la Fe.
Donde haya error, que lleve yo la Verdad.
Donde haya desesperación, que lleve yo la Alegría.
Donde haya tinieblas, que lleve yo la Luz.

Oh, Maestro, haced que yo no busque tanto ser consolado,
sino consolar;
ser comprendido, sino comprender;
ser amado, como amar.

Porque es:
Dando, que se recibe;
Perdonando, que se es perdonado;
Muriendo, que se resucita a la
Vida Eterna.

Desde pequeña yo tocaba la guitarra y recuerdo las seis cuerdas. Para que un instrumento suene bien tiene que estar afinado; puede ser un piano, un saxofón, una batería. Lo importante, es que esté afinado. Y las cuerdas son nuestras vivencias y etapas. ¡Qué mejor manera que vivir tu vida afinada! Debemos afinar nuestras cuerdas, así como yo lo hacía con la guitarra. Y de aquí surgió el título del libro. Luego de años de estudios y experiencias recibidas y compartidas, he compilado quince capítulos, cuidadosamente escogidos, en donde pretendo, si me lo permites, trabajar contigo cada uno de los mismos e ir afinando tu vida para que haya melodía, afinación, concordancia y armonía, a través de los cuales alcances balance y equilibrio.

Un día me dije: «Si esto me ha funcionado a mí y a otras personas con las que he podido compartir y trabajar, ¿por qué no plasmarlo en un libro? Sería egoísta de mi parte si me quedo con la información. Así que, como no soy egoísta para nada, quise, amigo lector, compartirlas también contigo. Pretendo, si me lo permites, llevarte por un recorrido que comienzas hoy a través de introspección y ejercicios profundos de tu vida. Confío en que utilices este libro porque:

- Así lo decidiste (Primer paso: decide).
- Para que entonces trabajes y aprendas (Segundo paso: aprende).
- Y vivas con balance y equilibrio (Tercer paso: vive).

Permítete salir del estancamiento espiritual, físico, emocional, social y mental. La única manera con la que lo lograrás es a través de introspección, reflexión y ejercicios. Créelo. Y al final, tú decides si quieres realizar el cambio.

El cambio tiene que venir de ti, de adentro hacia afuera. Es una decisión, y es solamente tuya. Desarrollar estas cinco manifestaciones de tu vida a cabalidad y luego mantenerlas en armonía, esa es la meta de este libro.

Las personas que te rodean pueden pretender que te harán cambiar. Sin embargo, te adelanto, amigo lector, que eres tú y solamente tú, quien tiene ese poder en sus manos. No corresponde a nadie más. Tienes que vivirlo tú. Es una vivencia experiencial. Por eso te presento este libro, con la salvedad de que tienes que trabajarlo. Así, y solamente así, es que lograrás transformar tu vida. Y te invito a que te permitas que el Señor te guíe por este sendero que decidiste comenzar.

Por último, deseo de todo corazón que realices todos los ejercicios y que te sirvan para desarrollar el crecimiento personal que tanto anhelas. Bienvenido, querido lector, a Afina las cuerdas de tu vida.

# INSTRUCCIONES PARA LEER Y OBTENER LO MEJOR DE ESTE LIBRO

Si quieres realmente realizar cambios en tu vida, permíteme compartirte algunos consejos que se te ayudarán a obtener lo mejor de este libro.

Antes que nada, quiero aclarar que este libro no pretende realizar ningún diagnóstico de salud mental y su contenido no pretende sustituir la visita al psicólogo, terapeuta, consejero, etc.

Te recomiendo que compres una libreta o un cuaderno para que puedas ir anotando lo que más te impactó de cada capítulo y qué te resultó más importante. En el cuaderno también podrás realizar todos los ejercicios que se encuentran al final de cada capítulo. El propósito de cada uno de ellos es que hagas un ejercicio de introspección (mirarte y aprender de ti), reflexión (pensar detenidamente) y crecimiento personal (trabajar para desarrollar al máximo tu manera de pensar, sentir y actuar).

Este libro se divide en tres partes: decide, aprende, vive. Te sugiero que lo trabajes en orden. Cada capítulo comienza con un título para que lo apliques en tu vida. Luego un pensamiento para reflexionar y un versículo bíblico para estudiar. Al final de cada capítulo encontrarás ejercicios. Debes de hacerlos todos, con tiempo, sin prisa, sin presión. Y al terminar encontrarás una oración desde el corazón que sé que el Señor escuchará y concederá. Léela y hazla tuya. Es un bálsamo de paz después de haber trabajado tan duro.

Permítete leer cada capítulo y hacer todos los ejercicios. Luego procesa todo lo aprendido; y esto, amigo lector, no se hace en un día. Al cabo de unos días de haber decidido, aprendido y vivido las enseñanzas, estarás listo para dar el siguiente paso. Adelante entonces, próximo capítulo. Puede tomarte más de una semana trabajar cada capítulo; pero recuerda que es sin prisa, a tu tiempo, a tu ritmo, a tu velocidad.

Por eso te aconsejo que si deseas potenciar al máximo el mensaje de este libro, te des la oportunidad y no trabajes varios capítulos un mismo día. De hecho, si te lo propones, puedes hacer uno cada semana y hasta en más tiempo. Así, te das tiempo de leer, releer, hacer los ejercicios e internalizar lo aprendido, para hacer cambios positivos en tu vida. Recuerda, la idea no es terminarte el libro en dos o tres días.

Es importante que recordemos que nuestro cerebro no asimila los cambios de golpe y porrazo. Toma varios días el proceso en que el cerebro se acostumbra, lo procesa, lo internaliza y lo convierte en aprendizaje.

Habrá días en que decidas o debas parar por el tipo de ejercicio que estás realizando y tomarte un respiro. Eso se vale. De hecho, te invito a que lo hagas. Es necesario. Los ejercicios no son para contestar un examen de escuela o universidad. No obtendrás una calificación.

No hay contestaciones correctas o incorrectas. La mejor nota eres tú, y el resultado debe ser tu crecimiento personal. El propósito es que decidas, aprendas y vivas; y esto, amigo lector, no se hace en un día. Disfruta el proceso.

Te deseo una feliz lectura y aprendizaje.

¡Adelante, no temas!

María del C. Jurado Bequer

# PRIMERA PARTE
# Decide

# CAPÍTULO 1
## AFINA LAS CUERDAS DE TU VIDA Y MANTÉN ARMONÍA EN TUS 5 PLANOS

«La felicidad existe sobre la Tierra; y se la conquista con el ejercicio prudente de la razón, el conocimiento de la *armonía* del universo, y la práctica de la generosidad.»
José Martí

«Por último, hermanos, alégrense, trabajen para alcanzar la perfección, anímense unos a otros, vivan en *armonía* y en paz. Y entonces, el Dios del amor y de la paz permanecerá con ustedes.»
2 Corintios 13:11

La palabra armonía viene del latín *harmonía*, y según el Diccionario de la Real Academia Española (RAE), significa: unión y combinación de sonidos simultáneos y diferentes, pero acordes. Esto nos lleva a pensar que como toda orquesta, equipo de trabajo, familia, escuela, iglesia, comunidad; aunque no todos toquemos el mismo instrumento, el sonido o producto que salga debe estar en *armonía*, con acordes, afinados, atinados.

Le decía a un joven en estos días: «Es que lo que te falta, es afinarte». Y al principio él no entendía lo que le decía. Proseguí: «Sí, afinarte como quien afina una guitarra, un instrumento, un violín. Tienes que escucharte como cuando vas buscando estaciones en la radio y cuando llegas al sitio exacto de la estación que deseas escuchar, haces clic, sale ese sonido por las bocinas, limpio, refrescante, armonioso». Si todavía estas con el botón en la mano, sea el radio manual, digital o control remoto, ¿No te ha pasado que no paras de sintonizar hasta que no llegas a lo que quieres? ¿Y le das para adelante y para atrás a las estaciones de radio hasta que llegas al sitio indicado donde sientes armonía? De eso se trata.

Busca tus cinco dimensiones que tienes que evaluar día a día y ponles armonía. ¿Te has preguntado si tienes armonía en estas cinco áreas de tu vida? ¿Cómo te sientes en el plano espiritual, físico/fisiológico, emocional, psicológico (mental), y social? Las llamo: Planos/Manifestaciones de la vida. Ninguno puede subsistir sin el otro. Son planos simbióticos. Sí, simbióticos como el parásito y el hospedero.

Hay varias definiciones de simbiosis. La más fácil de entender es que es la forma más común de cómo dos organismos obtienen beneficios. El ejemplo típico es la relación entre la anémona de mar y el cangrejo ermitaño. El cangrejo ofrece desplazamiento y la anémona le ofrece protección con sus tentáculos venenosos. Uno depende del otro y es una relación en la que ambos ganan: tú ganas, yo gano; nos necesitamos. Así que para lograr armonía en nuestra vida, debemos de tener simbiosis en nuestras cinco manifestaciones.

## MANIFESTACIÓN O PLANO ESPIRITUAL (ANÍMICO):

Lo nombro primero porque es especial para mí. En este plano se recoge la espiritualidad de cada ser humano. Esa creencia en un ser supremo, Dios, el Universo. Y este plano es tan necesario para la vida, como lo es nuestra parte intelectual. No somos humanos si no somos espíritu.

A través de la historia, vemos cómo el ser humano ha

intentado racionalizar y entender los diferentes misterios de la vida, algunos de los cuales no tienen explicación. Este plano es una de esas dimensiones inexplicables, pero que se sabe que está ahí: la sientes, la vives, la respiras, aunque no la puedas explicar. Y coloco esta dimensión en primer plano porque me parece, sin menospreciar a las otras, que es muy, muy importante.

Esta vida espiritual es la que nos diferencia del resto de todos los seres vivos, que a su vez, son con los que compartimos nuestra vida en este planeta. Es una forma de buscar que nuestra vida personal tenga sentido, que tenga significado. ¿Por qué soy? ¿Por qué existo? Darle significado a mi vida y a trabajar internamente, para ser mejor persona conmigo primero y con todos los que me rodean después.

Permíteme querido lector mencionarte que espiritualidad y religiosidad no son lo mismo, aunque en muchas ocasiones se confunden y lo utilizan como sinónimos. De hecho, puedes ser muy religioso y no espiritual, puedes ser muy espiritual y no religioso y puedes ser espiritual y religioso o no ser ninguna de las dos. Te aclaro que la religión involucra la práctica de creencias en determinadas doctrinas, rituales, etc., mientras que la espiritualidad involucra el ser espiritual, no físico, porque somos cuerpo, mente y espíritu. Es lo que le da significado a nuestra vida, no tiene que obedecer a una religión, es muy individual. Es enfocarte en las cosas espirituales, en lo más íntimo de ti.

Se han realizado una infinidad de estudios que indican la relación de la espiritualidad con una vida más feliz y longeva. Así que, lo importante es que cultivemos en nuestra vida esa parte espiritual para darle el sentido que nuestra vida merece y saber que estamos haciendo lo correcto. Esta espiritualidad influye en todos los ámbitos de nuestra vida y, bien trabajada, nos ayuda siempre a dar lo mejor de nosotros. Trata de cómo es el mundo en tu interior. Es una decisión muy única, muy personal. ¿Quién soy? ¿Por qué existo? ¿Cuán conectado estoy conmigo y con el mundo que me rodea?

Siempre he pensado que mientras más nos conectamos con nuestra espiritualidad, más conectados estamos con los seres que nos rodean y de esta manera podemos mejorar nuestras relaciones con los demás y con el mundo. Trabajar la espiritualidad concentrado en mí y en mi crecimiento personal y espiritual me va a ayudar a descubrir el sentido de mi vida y bien trabajado, me va a brindar mucha paz.

Es energía, es luz, es soplo vital, es conexión. Son nuestros valores, nuestras creencias y nuestros principios. Si no estoy bien conmigo, con mi parte espiritual, no voy a poder estar bien con los demás. Cuida tu salud espiritual.

# MANIFESTACIÓN O PLANO FÍSICO (FISIOLÓGICO/BIOLÓGICO):

Es el mundo como lo conocemos y lo percibimos a través de los cinco sentidos: visión, audición, olfato, gusto, tacto. Es donde estamos ahora. Es el plano del aquí y ahora, nuestro presente. Aquí existen los problemas, las barreras, lo bueno y lo malo. El yin y el yan. Es el plano en el que existe el mundo que habitamos y al que pertenece nuestro cuerpo. Es mi cuerpo mismo con todos sus componentes, incluyendo la salud física. Es cuidar nuestro cuerpo. Esto incluye también satisfacer nuestras necesidades más básicas como ser humano: reproducción, alimentación, higiene, etc. cuidar el cuerpo físico, hacer ejercicio, descansar lo suficiente y comer los alimentos adecuados. Ir a las citas médicas. Cuida tu salud física.

## MANIFESTACIÓN O PLANO EMOCIONAL (AFECTIVO):

Las emociones son reacciones psicofisiológicas que todos los seres humanos experimentamos desde que nacemos hasta el fin de nuestra vida. Son respuestas de nuestro cuerpo a cambios o en ocasiones a estímulos que aparecen en nosotros mismos o en nuestro entorno.

Así que, en este plano recogemos todas nuestras emociones que se encuentran en el plexo solar. Los románticos, como yo, dicen que en el corazón. Significa que tus sentimientos no dependen de los demás. No puedes permitir que los demás sean la causa de que estés alegre o triste. Tus sentimientos deben ser provocados por tu propia decisión o por acontecimientos ajenos a la voluntad de una determinada persona.

Nuestro mundo emocional es la manera más primitiva de cómo nos relacionamos con el mundo, con nuestro entorno. Las emociones son indispensables para nuestro bienestar general e integral. Como nos desempeñemos con nuestras emociones, dependerá de cuán ágil somos para gestionar las mismas. Cuida tu salud emocional.

## MANIFESTACIÓN O PLANO SOCIAL (RELACIONAL):

Esta parte social es cómo nos desenvolvemos con las demás personas; todas las relaciones que tenemos en la vida: ¿cómo te relacionas con tus seres queridos?, ¿cuán sociable somos?, ¿cómo somos en las relaciones interpersonales?

John Donne (1572-1631) dijo que somos seres gregarios que tendemos a agruparnos y formar comunidades; que ninguna persona es una isla, no podemos vivir en solitario.

Este plano tiene mucho que ver con esa crianza en nuestra familia de origen, nuestras amistades, los compañeros de trabajo, cómo nos relacionamos en nuestra vida para tener un bienestar integral. Cuida tu salud social.

## MANIFESTACIÓN O PLANO MENTAL (PSICOLÓGICO/COGNITIVO):

Es un estado de bienestar emocional y psicológico donde el ser humano hace uso de sus capacidades cognitivas, emocionales y sociales. Es el receptor de todos los planos anteriores. Eres el reflejo de lo que tu mente dice o hace. Es el mundo en el que surgen las ideas y pensamientos positivos y negativos. Son nuestras capacidades cognitivas. Muchos autores dicen que es el plano que gobierna nuestro ser, nuestro cuerpo. Piensa lo bueno y se te dará. Piensa lo malo y lo obtendrás sin ningún esfuerzo. Cuida tu plano mental.

No es fácil mantener el balance y el equilibrio en la vida. ¿Quién dijo que lo fuera? Pero lo importante es no quejarnos más y dar el paso. Desarrollar estas cinco Manifestaciones o Planos de tu vida a cabalidad y luego mantenerlos en armonía, esa es la meta de este libro.

¿Estás dispuesto a intentarlo?, ¿Lo has explorado antes? Te invito a que evalúes la rueda de tu vida. ¿En cuál de las cinco Manifestaciones o Planos tienes armonía actualmente? ¿Se dividen equitativamente? ¿Fortaleces más unas áreas que otras? ¿Te has preguntado por qué?.

En la medida que vayas leyendo el libro vas a ir encontrando respuesta a todas estas preguntas. Al menos, esa es la intención. Que logres armonía en estas cinco Manifestaciones o Planos de tu vida, sino seguirás estancado en donde estás, porque cada área de tu vida va ligada a la otra. Sí, aunque no lo quieras escuchar. Están amarradas como el cordón umbilical que alimenta y nutre a ese hijo en el vientre de su madre.

A partir de ahora, amigo lector, te sugiero que tengas a mano una libreta, un cuaderno con páginas en blanco y un lápiz o bolígrafo, para que puedas ir realizando tus ejercicios. Al terminar de leer el libro, tendrás la oportunidad de ir revisando los ejercicios que realizaste y verás cuánto has crecido, cuánto has avanzado, cuánto has cambiado.

¡Y recuerda que es un proceso unico, individual, especial, propio; así que avanza a tu tiempo, a tu ritmo, a tu velocidad; pero te invito a que te decidas y empieces ya!

## EJEMPLOS PARA MEJORAR EN CADA PLANO DE TU VIDA

| ESPIRITUAL (Anímico) | FÍSICO (Fisiológico/ biológico) | EMOCIONAL (Afectivo) | SOCIAL (Relacional) | MENTAL (Psicológico/ cognitivo) |
|---|---|---|---|---|
| Conectarme con ese Ser Supremo: Dios | Practicar cualquier deporte | Buscar ayuda Acudir a terapia | Mejorar mi relación conmigo misma | Buscar ayuda Acudir a terapia |
| Conectarme conmigo misma Buscar la paz en mi interior | Buena alimentación | Aprender a reconocer mis emociones | Mejorar mi relación con los demás | Ejercicios como arte |
| Busca el sentido real a tu vida | Visitar a mi médico | Aprender a gestionar mis emociones | Mejorar mi comunicación verbal y no verbal | Dibujo, danza |

## EJERCICIO 1.1. AHORA ESCRIBE LOS TUYOS

| ESPIRITUAL (Anímico) | FÍSICO (Fisiológico/ biológico) | EMOCIONAL (Afectivo) | SOCIAL (Relacional) | MENTAL (Psicológico/ cognitivo) |
|---|---|---|---|---|
|  |  |  |  |  |
|  |  |  |  |  |
|  |  |  |  |  |

# EJERCICIO 1.2.

Toma un papel en blanco. Utiliza este modelo para realizar un círculo y dividir tus cinco planos. Evalúa en dónde te encuentras hoy. Divide las cinco áreas de acuerdo a cuán fortalecido/a te sientes en cada una de ellas. Cuánto tiempo le dedicas a ese plano. Tómate el tiempo que necesites.

# EJERCICIO 1.3.

En la parte de atrás del papel has el círculo otra vez y evalúa dónde quisieras que cada una de estos planos estuviera. Divide tu círculo.

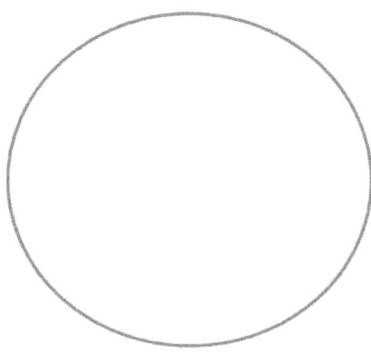

## ¿DÓNDE QUIERO ESTAR?

| ESPIRITUAL | FÍSICO | EMOCIONAL | SOCIAL | MENTAL |
|---|---|---|---|---|
|  |  |  |  |  |
|  |  |  |  |  |
|  |  |  |  |  |

# EJERCICIO 1.4.

Toma otro papel y haz una lista. Coloca en orden de prioridad. ¿Qué estás haciendo hoy, ahora mismo, para lograr estar dónde quieres estar en cada una de ellos?

## ¿QUÉ ESTOY HACIENDO HOY PARA LOGRARLO?

| ESPIRITUAL | FÍSICO | EMOCIONAL | SOCIAL | MENTAL |
|---|---|---|---|---|
|  |  |  |  |  |
|  |  |  |  |  |
|  |  |  |  |  |

Coloca esta lista en un sitio visible para ti. Tu nevera, la puerta de tu cuarto, el espejo de tu baño o en un sitio privado que solo tú puedas ver diariamente. Este ejercicio te ayudará a reevaluar dónde te encuentras en cada área y cuán cerca estás de dónde quieres llegar.

# ORACIÓN

Señor, ayúdame a trabajar en mi vida. Guíame para que seas mi luz, para que tomes control de mi vida y me dirijas en todos los planos de mi vida. Que Tu luz siempre me guíe por donde quiera que vaya. Que aprenda con humildad a trabajar en todos mis planos, para que pueda mantener el balance y equilibrio necesario para vivir en bienestar junto a Ti. ¡Que así sea!

# CAPÍTULO 2
# TODO ES CUESTIÓN DE ACTITUD

«Las actitudes son más importantes que las aptitudes.»
Winston Churchill

«Jesús llamó a la multitud y dijo: Escuchen y entiendan.
Lo que contamina a una persona no es lo que entra en la boca,
sino lo que sale de ella.»
Mateo 15:10-11

Decía Winston Churchill que las actitudes son más importantes que las aptitudes y cuánta razón tenía. Las actitudes y las aptitudes se confunden a menudo. De hecho, una es con la letra *c* y otra es con la letra *p*, y se pronuncian y escriben casi igual. Las actitudes son el comportamiento de un individuo y la forma y manera en cómo afronta las diferentes circunstancias de la vida. Y las aptitudes son esas habilidades y capacidades de un individuo a nivel académico, profesional y físico. Es más importante la actitud que asumimos, que tener éxito o un alto índice de coeficiente intelectual.

Puedo tener muy buena aptitud —que es ese talento y destrezas que tengo y que las voy desarrollando—; pero si no tengo una buena actitud —que es la postura que asumo ante las situaciones de la vida—, pues no me ayuda en nada. Lo ideal es que tanto la aptitud como la actitud puedan ir de la mano. Que sean cónsonos. Que tengan armonía.

Actitud es una palabra que viene del latín *actitudo*. Las actitudes son formas de comportamiento. También se conocen como las posturas que asume el individuo o inclusive un animal ante tal o cual situación. Es cómo afrontar las situaciones en la vida. Es cómo actuamos ante lo que nos pasa. Tenemos actitud hacia personas, cosas, lugares, eventos, situaciones, en fin, hacia todo. Pueden ser positivas, favorables o negativas y desfavorables. Las actitudes no son innatas: se aprenden, se adquieren y se desarrollan a través del tiempo, de acuerdo a cómo nos desenvolvemos.

Nuestras actitudes pueden estar influenciadas por diferentes elementos: la familia, la sociedad, el medioambiente, la cultura, etc. Quiere decir que, la actitud es esa respuesta, esa disposición o indisposición que presento a través de la forma como me comporto. La actitud es interna pero cuidado: la reflejas en tu cuerpo, en tu postura, en tu forma de hablar, en tu lenguaje no verbal, ¡TODO es actitud! Y aunque no lo creemos, las personas nos están mirando para ver cuál va a ser nuestra reacción, sin ni siquiera tener que decir una palabra. Por lo que, lamentablemente, no siempre estamos conscientes de la actitud que asumimos, pero sí la transmitimos hasta sin hablar.

Las actitudes determinan nuestro futuro. Sí, así como lo estás leyendo. Cosechas lo que siembras con tus actitudes. Es esa acción que tomas para superarte ante los momentos agradables y desagradables en tu vida. Todo lo que nos pasa en la vida, con sus virtudes y desdichas, con sus aciertos y desaciertos, tiene que ver en cómo percibimos ese evento que nos ocurrió y por eso decimos que todo es cuestión de actitud.

Inclusive lo vemos con personas con un mismo diagnóstico de salud, por ejemplo de cáncer, esa enfermedad tan temida. Una actitud positiva nos ayuda a enfrentar la enfermedad con otros ojos, con otra visión. Estas personas tienen más probabilidades de vencer la enfermedad, que una persona con actitud negativa. Hay personas que a pesar del diagnóstico, asumen una actitud de lucha, de entrega, y de echar para adelante. Otras, sin embargo, desde el día que reciben el diagnóstico, ya están vencidos y sin deseos de luchar, y se rinden. En estas ocasiones tenemos muchos desafíos para crecer como seres humanos. A veces, nos preguntan que si es posible cambiar de actitud y, ¡claro que sí!, es posible. Es un proceso que nos cuesta mucho: mucho dolor, mucho sufrimiento, muchas lágrimas y a veces, sentimos que no lo logramos. Pero sí, es posible cambiar de actitud.

Debemos estar conscientes de que la actitud con que enfrentamos las situaciones en la vida influyen en el resultado que tendremos. Por lo que, a veces, hasta sin darnos cuenta, nuestras actitudes van determinando el futuro de nuestras vidas. Han surgido estudios sobre este tema y se ha comprobado que TODO es cuestión de actitud.

Siempre he dicho que el quejarnos no nos ayuda en nada. Pero si cambiamos estas quejas y cambiamos estas actitudes negativas por posturas positivas y más llevaderas, podemos trabajar nuestras cosas mejor y salir airosos de la situación complicada en la que estemos. Tenemos que movernos de la inacción a la acción. Este tipo de personas que se quejan todo el tiempo y con actitud negativa se quedan en el intento.

«Es que voy a intentar caminar todos los días», «voy a intentar comer menos y empezar dieta», «voy a intentar leer la Biblia todos los días», «voy a intentar»; y se quedan en el intento. Para que haya cambio de actitud tenemos que movernos hacia la acción. Del intento a la acción. El que intenta no actúa. Tiene que haber un cambio de actitud. La actitud puede abrir muchas puertas en todas las facetas de la vida, pero también las puede cerrar. La actitud nos puede llevar a crear excelentes vínculos, sanos, o a desenvolvernos en relaciones tóxicas.

Te invito a que te preguntes cada mañana: ¿Qué actitud tienes hoy?, ¿con qué actitud quieres enfrentar el nuevo día?

Se habla de muchas actitudes, pero vamos a compartir sobre la actitud positiva, negativa y la neutra. «Roberto, me encanta la actitud que tienes ante este proyecto, sé que con tu ayuda y entusiasmo lo vamos a lograr», «Sonia, mira la actitud de Luis, así no se puede ni conversar con él», «Marta nunca asume postura, con esa actitud nunca se envuelve. Estoy tan molesta con ella por esa actitud». Quizá estos ejemplos te suenan familiares. ¿Habías escuchado algo similar?

Las personas con actitud positiva, por lo regular, tienden a pensar más en lo bueno que en lo malo de todas las situaciones a las que se enfrentan. Piensan también que se aprende de los errores y siguen hacia adelante. Ven los errores como oportunidades de crecimiento. Son desafíos. Las características de estas personas son la alegría, la confianza, la tolerancia y el optimismo. Con actitud positiva te enfocas en los logros o beneficios que vas a obtener ante tal situación. Es ver las cosas buenas o positivas de lo que esté pasando. Según estudios de la Universidad de Harvard, las personas con buena actitud tienen una mejor perspectiva de la vida y son más sanas. Esta actitud tiende a ser contagiosa.

Las actitudes negativas tienden a describir a la persona que se centra en todo lo negativo, en todo lo malo. Siempre esperan lo peor. Maximizan lo negativo. Tienden a quejarse por todo. Las características de estas personas son la frustración, la duda, el pesimismo y la inferioridad. La actitud negativa no me permite ver más allá. A veces, viene acompañada de actitud derrotista, comportamientos agresivos, se cierran a posibilidades. Esta actitud tiende a ser contagiosa.

Las personas con actitudes neutras no le dan importancia a las situaciones de la vida, y por lo regular, no se envuelven en la situación, sino que dejan que otros lo resuelvan. Es neutral ante todo: ni positiva, ni negativa. La persona tiende a ser imparcial. Características de estas personas son el desapego, la desconexión y la indiferencia.

Dos casos de la vida real que siempre me han llamado la atención de actitudes positivas son el de Walt Disney, cuando en 1919 fue despedido del periódico en donde trabajaba como caricaturista, porque su jefe consideró «que él no tenía ninguna buena idea». Vaya actitud la que asumió Disney. El resto es historia y ya la conocen.

Y el propio Michael Jordan, cuando le preguntan sobre todos sus logros como uno de los mejores basquetbolista de la historia, comentó: «El fracaso me dio fuerza, y el dolor me motivó». No siempre fue el mejor jugador. Claro, que es muy probable que ambos tuvieran actitudes negativas al principio, después de sus fracasos. Pero se debieron de haber sentado a reflexionar y no asumieron actitud derrotista, sino una actitud positiva, de lucha, de vamos para adelante. Hasta que lo lograron.

Una vez más queda demostrado que la perseverancia y el cambio de actitud nos ayudan a lograr nuestros sueños, nuestras metas, en todos los ámbitos de nuestra vida.

Amigo lector, quiero compartir esta anécdota contigo, para que veas dos actitudes ante el mismo escenario. El otro día estaba mirando por la puerta de mi casa hacia lejos, hacia el horizonte, con la mente divagando, y de repente, empezó a llover. ¡Cuánto aprecié ese momento! Lo disfruté en cantidad. Me hacía falta. Entonces aproveché y me senté en el sillón de mi balcón a mirar y a disfrutar lo que Dios me estaba regalando. De pronto, dos pajaritos vinieron y se posaron en la fuente grande que tengo en mi jardín. De verlos, me imagino cuánto estaban disfrutando. Se mojaban y movían sus alas como para refrescarse. Que contentos estaban. Aproveché y cerré mis ojos y me tomé unos instantes. Con los ojos aún cerrados, pude disfrutar del olor de la lluvia. Sí, porque la lluvia huele. Y disfruté del sonido, al escuchar la lluvia caer encima de mi techo de madera, no tiene precio. Desperté. Saqué mi mano, y me permití mojarme con agua de lluvia. Estaba fría y se veía cristalina. Fue una tarde hermosa, y eso, que me encantan los días súper soleados, pero amo la naturaleza, no importa las circunstancias. Todo es cuestión de actitud. Todo es creación de Dios.

Pasados unos minutos, recibí una llamada telefónica; y conversando con la persona, le comenté: «¿Viste qué linda está la tarde? Está lloviendo, nos hacía falta la lluvia». Y me respondió: «Ay no, la tarde está fea, qué gris se ha puesto, se fue el sol. Esto me pone triste. Creo que me voy a acostar». En ese mismo instante, intenté en vano, que la persona viera que la tarde estaba bella, aunque lluviosa. Que Dios nos había regalado esa tarde para disfrutarla. Y al momento, como por arte de magia recordé: TODO es cuestión de actitud, ante cualquier evento, por más grande o pequeño que sea.

Mi querido lector, quise compartirte esta escena de la vida real, para que entendieras el concepto que pretendo presentarte. La vida nos trae situaciones todos los días. Unas agradables, otras no tanto, otras desagradables. Pero así es la vida. Queda de cada uno de nosotros trabajar y decidir qué actitud vamos a asumir ante los desafíos que se nos presentan. Viviríamos en un mundo mejor si cada uno de nosotros utilizara más sus actitudes de una manera consciente y positiva, sin perjudicar a los demás.

¡Y recuerda, es un proceso único, individual, especial, propio; así que avanza a tu tiempo, a tu ritmo, a tu velocidad pero te invito a que te decidas y empieces ya!

# EJERCICIO 2.1.

Toma un papel y un lápiz. Te invito a que hagas tres columnas. En la primera escribe una lista: ¿Qué actitudes posees que las identificas en ti como positivas? Al lado, en la segunda: ¿Qué actitudes identificas en ti como negativas? En la tercera escribe: ¿De qué manera vas a ayudarte para lograr cambiar esas actitudes negativas en positivas?

| ¿QUÉ ACTITUDES POSEES QUE LAS IDENTIFICAS EN TI COMO POSITIVAS? | ¿QUÉ ACTITUDES POSEES QUE LAS IDENTIFICAS EN TI COMO NEGATIVAS? | ¿DE QUÉ MANERA VOY A AYUDARME PARA LOGRAR CAMBIAR LAS ACTITUDES NEGATIVAS EN POSITIVAS? |
|---|---|---|
| | | |
| | | |
| | | |

# ORACIÓN

Señor, ¡cuántas veces fallo por asumir actitudes que no son las adecuadas! Cuántas veces asumo actitudes negativas o neutras. Quiero que me ayudes a ir transformando mis actitudes negativas hacia mí y hacia mi prójimo, en actitudes positivas. Muéstrame cómo hacerlo. Que en este caminar que se llama vida, permanezca de Tu mano y bajo Tu dirección. Recuerda que soy humana y siempre doy lo mejor de mí, pero en ocasiones no con la mejor postura o actitud. ¡Cuánto me cuesta! Enséñame que, al igual que el día de la lluvia, debo de ver lo positivo en cada situación. Sé que es difícil pero con práctica diaria y de Tu mano, se puede lograr. Ayúdame a cambiar mis actitudes, sobre todo las que no me favorecen. ¡Que así sea!

# CAPÍTULO 3
# NO DEJES QUE TE APRIETEN LOS BOTONES

«Nadie puede herirme sin mi permiso.»
Mahatma Gandhi

«No se inquieten por nada; más bien, en toda ocasión, con oración y ruego, presenten sus peticiones a Dios y denle gracias. Y la paz de Dios, que sobrepasa todo entendimiento, cuidará sus corazones y sus pensamientos en Cristo Jesús.» Filipenses 4:6-7

Dedico este capítulo a mi esposo, quien, desde que llegó a mi vida, me brindó y me brinda mucha paz. Solamente con mirarlo, me apoya y me brinda paz.

¿Qué significa no dejes que te aprieten los botones? En muchas ocasiones estamos en paz y permitimos que nos quiten esa paz. A veces, nuestros hijos, nuestra pareja, nuestros padres, profesores, jefes, compañeros de trabajo... ¡Simplemente lo permitimos!

Lo que sucede es que muchas personas a nuestro alrededor nos *leen bien*, muy bien. Nos conocen y saben dónde, cómo, cuándo y por qué apretar los botones. ¿Qué botones? Los míos, mis debilidades, lo qué nos molesta, lo que no nos agrada, lo que nos da coraje, tristeza, ira, agonía. ¡Todos los botones! Para trabajar con esto de apretar botones, es importante conocernos, trabajarlo, aceptarnos y tomar acción. Las personas muy cercanas, conocen nuestros botones: azules, rojos, verdes, amarillos, grandes, pequeños, medianos. Es como si fuéramos una máquina, un auto, un robot. Así funcionamos. Esas personas dicen: «Si aprieto este botón, ella da para adelante. Si aprieto este otro botón, ella da para atrás. Si aprieto este botón de acá, ella da vueltas». Y así sucesivamente.

Querido lector, es importante reconocer cuáles son los botones que tenemos y no permitir que otras personas los aprieten, y si los aprietan, decidir qué hacer con eso. Recuerdo a mis hijos cuando eran pequeños, sabían, y saben, qué cosas me irritan y molestan. Y en ocasiones, hacían cosas solamente para ver a mamá brincar o ponerse nerviosa, ansiosa, furiosa. ¡Cuánto me conocen! Y entonces, como decía ese célebre personaje mexicano el Chavo del Ocho, mi hijo pequeño decía: «Fue sin querer queriendo».

Así mismo nos pasa en nuestra vida. Tenemos muchas personas a nuestro alrededor que conocen muy bien todas las situaciones que nos molestan, nos ponen triste, nos dan ira, nos irritan. Entonces ¿por qué permitimos que ellas decidan cuál va a ser nuestro estado de ánimo y emociones en tal o cuál momento?

Tenemos que tener claro que eso lo decidimos solamente nosotros. No nos angustiemos con situaciones que no están en nuestro control. Es impresionante a veces escuchar a personas conversando, como por ejemplo: Francisco le dice a Enrique: «Oye, ¿quieres ver cómo se pone Juan cuando le diga esto? Y en efecto, cuando Francisco va y le dice eso a Juan, él enseguida de un brinco, se levanta furioso y reacciona tal como lo había pronosticado Francisco.

Sin darnos cuenta, en muchas ocasiones, permitimos que las personas alrededor nuestro vayan conociendo nuestros puntos débiles, nuestros estados de ánimo y emociones, y permitimos que controlen o decidan sobre nosotros. Aprietan nuestros botones y nosotros lo permitimos.

Te invito a que desde hoy trabajes contigo mismo, para que no permitas que los demás aprieten tus botones como si fueras un robot o una máquina y decidan qué hacer contigo. Es importante que tomes esto en cuenta para que puedas vivir una vida plena y en paz contigo mismo. Cuando permitimos que otros controlen y manipulen nuestros botones en la vida, no somos felices y dependemos de que ellos aprieten los botones cuando deseen, para entonces nosotros actuar. Y en ocasiones, nos aprietan los botones por maldad. ¡Cuidado! Es como si ellos ejercieran una influencia en ti, a tal grado, que altera hasta tu calidad de vida. Recuerda, no controlas cuando alguien quiere apretar tus botones, pero sí controlas cómo reaccionas ante ello. Esa decisión la tomas tú. Es como ese personaje de cuando éramos niños, Pinocho, que era manejado por Geppetto, su padre, que fue la persona que lo creó. Pinocho era una marioneta de madera y lo manipulaba Geppetto a través de unas cuerdas. Exactamente eso es lo que nos pasa cuando permitimos ser marionetas de otras personas, no importa quien sea. A veces es la pareja, nuestros hijos, nuestro jefe, nuestros padres, nuestros amigos, etc.

**Recuerda:** No vas a hacer lo mismo que te están haciendo a ti. Utiliza tu inteligencia emocional. No respondas tú también apretando botones. Tú vencerás el mal con bien (Romanos 12:21).

No tenemos el control de cómo nos trata la gente, pero sí de cómo reaccionamos y respondemos ante esto. Lo importante es que crees conciencia de esto y no permitas que otras personas tomen la dirección y el control de ti y de tu vida, ni decidan cómo vas a actuar ni qué vas a hacer.

A veces es necesario buscar ayuda para salir de este círculo vicioso. Debes trabajar con ejercicios que te brinden seguridad y que te ayuden a la toma de decisiones.

**Te comparto técnicas. Aprende a respirar:**
**1. Inhala por la nariz suavemente contando en tu mente:** uno, dos, tres, cuatro. Aguanta el aire contando en tu mente: uno, dos, tres, cuatro, cinco, seis, siete. Exhala por la boca contando en tu mente: uno, dos, tres, cuatro, cinco, seis, siete, ocho, lo más lento que puedas. Repite esto cinco veces y te ayudará a sentirte mejor y en control.

**2. Retírate del lugar** donde estás con esa persona, para que al cambiar de ambiente te tranquilices y cambies de perspectiva.

**3. Busca otra actividad para hacer.** Cambia lo que estabas haciendo. Escucha música, colorea, Ora, medita, haz yoga. Haz una actividad placentera para ti.

No le des el gusto a esa persona —no importa quién sea—, de que te vea irritado, mal humorado, con ira, con coraje. Aprende a manejar tus emociones. Las situaciones en la vida hay que enfrentarlas y afrontarlas. Busca la paz y la armonía dentro de ti. Sí existe. Permítete trabajar en ti para que puedas lograrlo.

¡Y recuerda que es un proceso único, individual, especial, propio; así que avanza a tu tiempo, a tu ritmo, a tu velocidad pero te invito a que te decidas y empieces ya!

# EJERCICIO 3.1.

Toma un papel y un lápiz y haz tres columnas. En la columna 1 escribe las personas que reconoces que te aprietan los botones. En la columna 2, escribe por cada persona mencionada en la columna 1, ¿qué botones te aprietan? En la columna 3 escribe ¿qué vas a hacer desde hoy para impedir que esto suceda?

| ¿QUIÉN ME APRIETA LOS BOTONES? NOMBRE | ¿QUÉ BOTONES ME APRIETA? | ¿QUÉ VOY A HACER DESDE HOY PARA IMPEDIR QUE ESTO SUCEDA? |
|---|---|---|
|  |  |  |
|  |  |  |
|  |  |  |
|  |  |  |

# ORACIÓN

Señor Jesús, enséñame a manejar y gestionar mis emociones de la mejor manera posible y que esto te agrade. Enséñame a no devolver a otros en la misma medida en que me tratan. Ayúdame a controlar mi carácter, mi mal genio, mis corajes, mi ira. Que aprenda cada día más de mí. Haz que trabaje conmigo para aprender a reconocer cuándo otras personas quieren apretar mis botones, para que una vez lo reconozca, tenga la habilidad de trabajarlo y manejarlo de una manera adecuada. Que pueda trabajar maneras adecuadas de manejar esto. Permíteme tomar mis propias decisiones. Que nadie decida por mí. Que nadie tome el control de mí. Que Tú me enseñes a manejar esta debilidad y vulnerabilidad en mí. Muéstrame el camino. ¡Que así sea!

# CAPÍTULO 4
# ¿POR QUÉ ESCOGER SUFRIR?

«Si no está en tus manos cambiar una situación
que te produce dolor, siempre podrás escoger la actitud
con la que afrontes el sufrimiento.»
Viktor Frankl

«Alabado sea el Dios y Padre de nuestro Señor Jesucristo,
Padre misericordioso y Dios de toda consolación,
quien nos consuela en todas nuestras tribulaciones para que,
con el mismo consuelo que de Dios hemos recibido,
también nosotros podamos consolar a todos los que sufren.»
2 Corintios 1:3-4

Alguna vez te habías hecho esta pregunta: ¿Por qué escoger sufrir? Esta frase de Viktor Frankl me inspira realizar muchas horas de meditación, reflexión y oración, porque en muchas ocasiones, no está en mis manos cambiar el dolor de esa situación que me ocurrió, pero sí puedo decidir y escoger la actitud que utilizaré para afrontar y enfrentar ese sufrimiento. Y expreso afrontar y enfrentar porque yo asumo, afronto y enfrento cara a cara el dolor y ese sufrimiento que me ha causado esta situación. Pero lo afronto y lo enfrento para trabajarlo, no para quedarme de brazos cruzados.

Y la realidad es que la vida nos va enseñando diferentes maneras de ir trabajando o ir creciendo en esto, pero en muchas ocasiones no tenemos la fuerza, abatidos por el dolor. A veces, no vemos las señales que nos envía el corazón, que nos envía la vida, sobre este proceso del dolor y el sufrimiento, para ayudarnos a vencerlas.

Y quiero, amigo lector, resaltar la diferencia entre dolor y sufrimiento. Estas dos manifestaciones de nuestro cuerpo que a veces arrastramos de por vida. Recuerda que a alguien le puede tomar días, a otras personas meses, a otras personas años y a otras personas toda la vida.

¡El dolor duele! Y duele mucho. El dolor es un sentimiento de pena y tristeza. Es una señal que nos envía nuestro cuerpo (sistema nervioso) de que algo anda mal, de que hay algo anormal sucediendo. Yo le llamo: "Cuando empiezan a prender las bombillitas en mi cuerpo y este me envía señales que a veces veo, a veces me hago el que no las veo, a veces las dejo pasar y a veces no las veo".

Existen diferentes tipos de dolor. Pero me interesa que trabajemos los más significativos: el dolor físico (sensorial), que es la percepción sensorial que se siente en una parte de nuestro cuerpo, por ejemplo: dolor de cabeza, dolor de estómago; y puede ser agudo (que aparece de repente y es de corta duración) o crónico. El dolor agudo puede convertirse en crónico ya que este dura mucho tiempo y puede complicarse. El dolor crónico, por lo regular, dura más de tres meses. Dentro de los alivios para este dolor crónico está la acupuntura, masaje, medicamentos, etc.

El dolor cognitivo es la interpretación del dolor que hace el cuerpo, gracias a las experiencias vividas. Es la interpretación de eso que nos está afectando, que no nos deja trabajar, no nos deja concentrarnos, no nos deja vivir. Es cómo percibimos ese dolor. Cómo procesamos la intensidad y las características de ese dolor. Esta parte de la percepción depende de factores físicos, emocionales, sociales y cognitivos.

El dolor emocional, que en ocasiones es el que más nos afecta, y es el que quiero trabajar contigo. El dolor emocional es un sentimiento intenso de tristeza, pena o lástima. Por ejemplo, es cuando yo expreso o escucho a alguien: «Me duele hasta el alma», «Tengo el corazón desgarrado, destrozado».

Es cuando la persona tiene ese dolor, esa herida que nadie ve, pero se siente. Vive dentro y provoca un dolor y un sufrimiento que no puedo tolerar. Puede deberse a creencias que tenemos, recuerdos, memorias, miedos, emociones.

Cada vez que pensamos en dolor, ¿en qué crees que pensamos? Sí, estás en lo cierto, en el dolor físico. Porque no nos permitimos demostrar que tenemos dolor emocional. A veces pareciera que nuestra sociedad lo ve como debilidad; es por eso que muchas personas minimizan lo que están sintiendo a nivel emocional y no buscan ayuda. Sin embargo, cuando hay dolor físico, vamos rápido a nuestro médico para que nos evalúe, pero raras veces cuando tenemos dolor emocional buscamos a un consejero, psicólogo, pastor, sacerdote, tanatólogo. La respuesta que nos damos es: «Esto va a pasar».

Pero el dolor emocional puede provocar dolor físico y también podemos llegar a somatizar. Somatizamos cuando aparece un dolor físico: ejemplo, dolor de cabeza, vómitos, diarreas, etc, pero la persona va a su médico o llega a sala de emergencia del hospital y le realizan varios estudios, pruebas y no hay causas fisiológicas; por lo que, en muchas ocasiones, los médicos concluyen que es por alguna situación emocional fuerte que está atravesando la persona. ¿Te ha pasado esto alguna vez o conoces alguna persona cercana que lo haya vivido y te lo haya compartido?

Cuando ese dolor es emocional tipo somático, no significa que la persona se está inventando ese dolor, en realidad lo siente, no es que sea irreal, no es que no duela, no es que no esté ahí. En realidad ¡sí siente el dolor! Es el resultado de cuán intenso es ese dolor emocional que no lo ha podido manejar o trabajar y es tan intenso, tan grande, que se empieza a reflejar a nivel de dolor o malestar físico.

Te comento, amigo lector, que lo he escuchado de personas en mi oficina y te acepto que lo he vivido también. No me avergüenzo de compartirlo. ¡Soy humana! Ocurre de diferentes maneras en cada persona. Se pueden parecer, pero no son lo mismo. Es individual de cada ser humano. Pero en muchas ocasiones, por ejemplo, es cuando estamos atravesando por un proceso de pérdida; cualquier tipo de pérdida, pero mayor aún, cuando hay pérdida de un ser querido, ya sea por fallecimiento de ese o porque te dejó, se han separado o divorciado. Y estas interpretaciones que realizamos vienen gracias a todas las experiencias vividas con relación a nosotros y nuestro entorno. Quiere decir que esta percepción que tenemos del dolor se debe a factores físicos, emocionales y cognitivos. Debemos recordar que el dolor es un mensaje que llega a nuestro cerebro desde cualquier parte de nuestro cuerpo. El cerebro lo recibe, lo procesa y lo envía al cuerpo indicando: «Oye, tú, despierta, algo no anda bien».

Aclarado lo que interpretamos por dolor, entonces permíteme definir lo que es sufrimiento. Definimos el sufrimiento como esa respuesta inducida por el dolor. Es esa angustia emocional, social o espiritual que lleva a una persona a sentirse triste, asustada, deprimida, ansiosa, sola (NIH, Instituto Nacional de Salud de los Estados Unidos).

El dolor, al igual que el sufrimiento, en algún momento toca a tu puerta, y aunque no lo dejes entrar, aunque le tires la puerta en la cara, él traspasa y entra. Sí, entra sin pedirte permiso. Nos toca a todos los seres humanos y tenemos que aprender a observarlo, experimentarlo, vivirlo, trabajarlo, procesarlo y dejarlo ir.

Decía Siddharta Gautama, después de años de aprendizaje y meditación: «el dolor es inevitable, el sufrimiento es opcional».

El dolor es parte de la naturaleza humana. No lo buscamos, pero llega aunque no lo queramos. Así que, lo importante es que decidamos y escojamos si realmente queremos vivir bajo sufrimiento o no.

Y tú, amigo lector, pensarás que esto es fácil hacerlo, pero no es así. Se escucha fácil, pero no lo es. Escoger y decidir si continuamos sufriendo es muy difícil de lograr, pero se puede. Te comparto que también he sentido dolor y sufrimiento. El dolor y el sufrimiento pasan sobre todo cuando hay circunstancias en la vida con las que no estamos de acuerdo o no están bajo nuestro control. Por ejemplo, decisiones con las cuales no nos tomaron en cuenta en la casa, en el trabajo, etc., pero mayormente nos ocurre, cuando se trata de pérdidas o duelos. Y duelo significa dolor. Ese joven a quien su novia lo dejó, esos padres que perdieron a su hijo, esa hija que perdió a su padre.

Entonces ¿cómo trabajar con el sufrimiento del duelo por la pérdida, ya sea física, de un familiar querido, de una mascota o por la pérdida del trabajo o de la casa, del auto, de una relación amorosa, por la pérdida física o emocional de algo o alguien, por la pérdida de la salud?. No podré cambiar la situación que me produjo el dolor, pero sí puedo comenzar a trabajar con mi sufrimiento, pues debo y tengo que seguir viviendo. Tenemos entonces que escoger hasta cuándo sufrir; y la experiencia nos dice que sí decidimos hasta cuándo sufrir. Es una decisión porque es elección. Tú escoges sufrir o no. Tú decides.

Una de las mayores pérdidas es cuando los padres pierden a un hijo, y dicen: «Me duele hasta el alma», «No aguanto este dolor», «Es que por ley de vida, se supone que los hijos entierren a sus padres, no que suceda al revés», «¡Qué mayor dolor que este!»; y a pesar de todo el dolor que puedan llevar esos padres en su corazón, una vez trabajado su duelo, pueden elegir seguir viviendo y honrar la memoria de ese hijo. No vivir atados de por vida al sufrimiento por la pérdida de su hijo. A pesar del dolor causado, pueden seguir hacia adelante. Llorar todos los días, se vale. Permitirnos sentir, se vale. Permitirnos expresarlo, se vale. ¿Pero hasta qué punto debo de seguir escogiendo sufrir?

Siempre hay maneras diferentes de ver esta situación que tanto nos está agobiando: ¿Sufrir o no sufrir?, esa es la pregunta. Y todos sufrimos de diferentes maneras, porque recuerda que el sufrimiento es sentir el dolor física, emocional y espiritualmente.

Ese sufrimiento de aceptar esto que ya no se puede cambiar. Esto llegó a nuestra vida y tenemos que aprender a gestionarlo y a la misma vez, ¡Seguir viviendo! ¡Que cosa más difícil! Pero se puede, amigo lector, con mucha ayuda de tu parte, con cambio de actitud, con voluntad y con apoyo de profesionales de la conducta, un psicólogo, consejero, trabajador social, tanatólogo, pastor, sacerdote. ¡Con ayuda de Dios!

Peleamos con el sufrimiento y eso nos causa más estrés, más carga, más ansiedad, más agobio, más nostalgia, más melancolía y más sufrimiento. Nos encontramos en la famosa etapa de negación, según la describe la psiquiatra Elisabeth Kübler Ross: «No lo creo. Esto no me puede estar pasando a mí».

Una vez que trabajamos con todo este proceso del evento que ocurrió, llega la aceptación y la carga fluye y se maneja mejor. Cuando nos damos cuenta de que no podemos cambiar la realidad. La realidad está ahí, dándonos en la cara. Cuando nos damos cuenta de que esa situación no va a cambiar y que ya es realidad, ya es final. Está ahí mirándonos. Y nos acostamos y nos levantamos, y la realidad sigue ahí. Así que, querido lector, lo que nos queda es trabajarlo y esto nos ayuda a traspasar el sufrimiento: aceptar lo que ya no podemos cambiar. Entender que podemos trascender este sufrimiento con esperanza y retomar la vida. Comenzar a hacer cosas que sí están bajo nuestro control y hacer cosas que sí estamos conscientes que podemos hacer. Enfocarnos en el presente y trabajar para un futuro lleno de esperanza.

No es nada fácil, pero sí podemos decidir dejar de sufrir. Pero sentir que ya no tenemos gasolina para seguir, que todo está perdido, no nos ayuda. Son precisamente estas actitudes derrotistas las que sí sirven de gasolina al sufrimiento.

Para dejar de sufrir, tenemos que quererlo, desearlo con todas nuestras fuerzas. Tenemos que tener la disposición de hacerlo. Tenemos que tener la voluntad.

Nos duele, pero tenemos que trabajar en el dolor para luego aceptar la realidad. Salir de donde estoy (sufrimiento) y luchar por un nuevo comienzo (vivir). Busca ayuda. Trasciende.

¡Y recuerda que es un proceso unico, individual, especial, propio; así que avanza a tu tiempo, a tu ritmo, a tu velocidad; pero te invito a que te decidas y empieces ya!

# EJERCICIO 4.1.

Toma papel y lápiz. Haz tres columnas. En la columna 1 haz una lista de ¿Qué situaciones te están causando sufrimiento actualmente? Luego de terminar la lista, mira y analiza detenidamente lo que escribiste. Ahora en la columna 2 escribe, por cada situación que hayas identificado en la columna anterior, ¿Qué acciones y actitudes vas a trabajar para salir de ese sufrimiento? Ahora, en la columna 3, escribe ¿Qué herramientas o técnicas vas a utilizar para lograrlo? Sé honesto contigo mismo.

## MODELO

| ¿QUÉ ME ESTÁ CAUSANDO SUFRIMIENTO ACTUALMENTE? | ¿QUÉ ACCIONES Y ACTITUDES ESTÁS DISPUESTO A TRABAJAR PARA SALIR DE ESTE SUFRIMIENTO? | ¿QUÉ HERRAMIENTAS O TÉCNICAS VOY A UTILIZAR PARA LOGRARLO? ¿QUÉ HAGO? |
|---|---|---|
| Ejemplo: Mi novio me acaba de dejar. No puedo vivir sin él. | Ejemplo: Quiero dejar de pensar en él todo el tiempo. Quiero volver a vivir. | Ejemplo: Voy a compartir con mi mejor amiga, voy a salir cuando me inviten, escucharé música. Voy a escribir cuando no me sienta bien. |

# ORACIÓN

¡Señor, cuánto dolor hay en mi alma y en mi corazón! Dame las fuerzas que necesito para poder llevar este sufrimiento a cuestas. Ayúdame Tú, Señor, a lidiar con este sufrimiento que no me deja vivir. Mira mi fragilidad. Sin Ti no puedo, Señor. Acompáñame en mi proceso de sanación. Seca mis lágrimas con Tu santo manto. Permíteme recostarme de Tu pecho. Quiero escuchar los latidos de Tu corazón. Abrázame. No me sueltes, por favor. Tengo la fe y la convicción de que junto a Ti, podré salir adelante. Podré aceptar mi dolor y comenzar a trabajar con mi sufrimiento. Pero solamente podré hacerlo si Tú estás conmigo.

Prométeme que estarás ahí, no importa el día y la hora. Sé que lo estás. Nunca me has abandonado. No lo hagas ahora, te lo pido, por favor. Mírame. No soy yo. No soy quien era. El dolor y el sufrimiento me corrompen. En Ti tengo mi esperanza y sé que saldré airosa de esta prueba, porque Tú estás conmigo y me prometiste que siempre estarías todos los días hasta el fin del mundo. Gracias, Señor. Gracias, mi Dios, por estar ahí. Siento Tu presencia en este instante. Eres un Padre misericordioso. Y sé, que estás a mi lado. Te siento. Siento Tu presencia a mi lado y esto me da paz, confianza, calma y tranquilidad. Esa paz que trasciende el sufrimiento humano. Esa paz que solamente Tú la puedes dar. Gracias, Señor. Gracias por quedarte junto a mí y aliviar mi dolor y mi sufrimiento. Gracias, Señor. ¡Que así sea!

# CAPÍTULO 5
# NO TE RINDAS...
# NO TE QUITES ¡SIGUE!

«Aunque en el corazón hayas sepultado la esperanza,
no te rindas: Dios es más grande.»
Papa Francisco

«Pero los que confían en el Señor renovarán sus fuerzas;
volarán como las águilas: correrán y no se fatigarán,
caminarán y no se cansarán.»
Isaías 40:31

Este capítulo quiero dedicarlo a mis tres hermanos, porque siempre han persistido y nunca se han rendido. Son luchadores por excelencia. Me acuerdo de este refrán que me aprendí de niña, porque estaba en un cuadrito pequeñito colgado en la pared de mi hogar. Es un poema de Joseph Rudyard Kipling y yo repetía a diario lo que leía en el cuadrito: «Descansar acaso debes; pero nunca desistir». No te rindas. No desistas. No te quites. Descansa; pero sigue. Es insistir; seguir ahí, persistir. Dicho de otra manera: no tires la toalla.

Amigo lector, quiero compartirte una anécdota que me pasó hace unos años. Confío, que aunque sea en algo, te sirva de inspiración. Lo que escribo desde el corazón y con toda la transparencia que me caracteriza, es para que veas que a todos los seres humanos nos pasa, en algún momento de nuestras vidas, situaciones donde decidimos si rendirnos o seguir. En algo grande o en algo pequeño, pero nos pasa. No somos infalibles.

A mis diez años, un verano, mi madre nos matriculó a mis hermanos, a mi prima y a mí, en un curso para aprender a nadar, en una piscina que tenía alrededor de doce pies de profundidad. Yo la veía kilométrica. Y realmente, en las clases de natación, era más el susto que el aprendizaje, pues habíamos demasiados niños para tan pocos instructores. Todo transcurría muy bien las primeras dos o tres clases, hasta que llegó el día en que el instructor nos pidió que nos tiráramos del borde de la piscina para nadar (lo que significara eso, en ese momento) y cruzáramos toda la piscina de lado a lado, en la zona de los doce pies de profundidad, y saliéramos por el otro borde de la piscina. Pensaba yo cómo al instructor de natación se le ocurría semejante atrocidad sin haber practicado aún.

En ese momento, me pareció un reto y a la vez, me sentí obligada a llevar esa hazaña a cabo, pues era mi turno y todos los ojos estaban puestos en mí. No tuve otra opción que llenarme de valor y *zac* tirarme al agua, agarrada de la mano de Papito Dios. Para desdicha mía, en ese preciso momento, me cuentan mis hermanos y mi madre, que llegó una chica esbelta, parecía una Barbie, y se posó frente al instructor de natación, que parecía Hulk, de lo fuerte que era. Ya saben el resto. No nos habían enseñado todavía a flotar por si nos cansábamos. ¿Y saben qué sucedió? Que me cansé. No llegué hasta el otro borde y empecé a tragar mucha, mucha agua. Pensé que ese era mi último día en esta vida. A los gritos de mi madre, pues el instructor estaba distraído con la Barbie, fue que él se percató, y se tiró al agua a rescatarme. Mientras este evento sucedía fuera del agua, yo seguía tragando agua y encomendándome a Dios, a la Virgen y a todos los Santos. Saqué fuerzas de donde no las tenía y casi sin poder, patalee hasta que llegué por mí misma al borde, casi a punto de desmayarme. Cuando Hulk logró llegar al otro lado de la piscina, ya yo había salido por el borde y estaba vomitando agua. Echaba agua creo que hasta por la nariz.

Mi querido lector, cogí tanto miedo y pánico al agua

que, decidió mi madre, y yo la secundé, que no era el lugar apropiado ni el momento preciso para aprender a nadar. Así las cosas, me quedé con ese trauma en mi mente y en mi corazón. Transcurrieron unos años.

A los quince años comencé a trabajar en un campamento de verano y ofrecían clases de natación. Hablé con el instructor de natación. Le expliqué mi mala experiencia y le pedí que me tuviera paciencia. Aprendí a nadar. Me matriculé en el curso básico, el intermedio y el avanzado. Me gradué y superé ese obstáculo. Tanto fue ese reto en mi vida que decidí certificarme como instructora de natación, porque quería ayudar a otras personas, que como yo, tenían malas experiencias o miedo al agua; y lo logré. Me superé. No me rendí. Seguí. No tiré la toalla.

Fue tanto el amor que le tomé al agua, que se convirtió en mi pasión, hasta hoy día. Piscina o playa. No importaba. Lo practicaba a diario. Tan es así que quería enseñar a los niños y adultos que llegaban con trauma o pánico al agua; esos eran los casos que yo quería tomar y les enseñaba hasta que lo lograban. Luego de eso me seguí superando y entonces me certifiqué como instructor de instructores, como salvavidas, como entrenadora de natación sincronizada, etc. Todo era felicidad y mi pasión por el mar y por la natación cada vez iba en aumento. Mi pasión por el mar y por los corales y peces fue tanta que quise certificarme como buzo. Y todo estuvo bien hasta que, al final del curso de buceo, tiraron mi equipo de buceo al mar y tenía que ponérmelo completo debajo del mar, quitarle el agua a la careta y subir a la superficie con todo el equipo debidamente puesto y sin agua en la careta.

Todo estuvo bien hasta que, al parecer, me vino el recuerdo de mis diez años, cuando estuve tragando agua en la piscina y no logré sacarle el agua a la careta, porque me entraba pánico.

No logré certificarme como buzo en ese momento, pues no logré aprobar esa destreza. Me quedé con esa inquietud dentro de mí y al cabo de un tiempo, me topé con otro instructor de buceo y le expliqué mi situación. Él se apiadó de mí y me hizo practicar y me enseñó con paciencia la clave para sacarle el agua a la careta debajo del mar. Aunque no lo creas, querido lector, los que son buzos o han practicado este deporte, saben lo que les estoy contando. Sí se puede sacar el agua a la careta debajo del agua y subir sin agua adentro de la misma. Es práctica y confianza.

Me dije: «No me voy a rendir, no me voy a quitar, voy a seguir. Este trauma no puede ser más grande que mi deseo de bucear». Así que volví a tomar el curso y practiqué día y noche, hasta que perfeccioné la técnica de quitarle el agua a la careta en el fondo del mar, y subir con el equipo y la careta puesta, sin agua adentro. Lo superé. Me certifiqué. Resistí. Insistí. No me rendí, no me quité y seguí. Esa es la clave para todo lo que te propongas. Esa es una de mis historias de no rendirme. En nuestra vida cotidiana nos pasa igual. Y en la mayoría de las ocasiones, lo primero que nos viene a la mente es tirar la toalla, rendirnos, quitarnos y no seguir. ¡No! De hecho eso no puede ser una alternativa en tu lista. Ni siquiera puede ser la última. Simplemente ¡no!

La vida nos presenta obstáculos y vicisitudes. Pero rendirte no es una opción. Recuerda amigo lector, si necesitas hacer un alto, tomarte un tiempo, hazlo. Pero no desistas. No te rindas. No te quites. A veces estamos en medio de una tormenta, montados en un barco que va a la deriva, sin rumbo, y tiramos la toalla, nos rendimos, y ya no tenemos fuerzas para seguir. Yo te digo hoy amigo lector, que a pesar de la tormenta, yo no me bajo del barco. Yo quiero seguir y más aún, cuando me encuentro agarrada de la mano de mi Señor Jesús. Te acepto que a todos nos pasa y que hay momentos en que ya no tenemos fuerzas y nos tiramos, y tragamos mucha, mucha, mucha agua. Pero el Señor te dice hoy, que no te rindas. Que le des la oportunidad de guiarte y que encuentres junto a Él la paz que tanto anhelas. Recuerda aquella bella canción "Puedes tener paz en la tormenta, fe y esperanza cuando no puedas seguir, aún con tu mundo hecho pedazos, el Señor guiará tus pasos, en paz, en medio de la tormenta". No te bajes de la barca de tu vida. Toma el timón de tu barco. Ánclalo. Descansa. Sube el ancla y sigue.

Date la oportunidad. Tienes muchas ventajas de no rendirte: Tú te mereces que no te rindas. Te mereces seguir hasta que lo logres. Supera esa negatividad o ese miedo. Si buscas razones para rendirte vas a encontrar 1,000. Pero si buscas razones para no rendirte y lograr lo que te propones, también las encontrarás ¿Qué eliges? Además, si te rindes, nunca sabrás que habría sucedido de haber continuado. Tú mismo te cortaste tus alas. Recuerda, todo lo que queremos cuesta esfuerzo, sacrificio e inversión de tiempo. Pero tú te lo mereces. Es tu elección. Si hubiera desistido de aprender a nadar no hubiera llegado a donde llegué. Esa es la clave. Persistir.

Recuerdo esas palabras de Séneca que decía: «El oro se prueba por el fuego; el valor de los hombres, por la adversidad». No importa lo cansado que puedas estar, lo irritado, lo abatido, lo triste, lo frustrado, lo harto por la situación que estás viviendo en estos momentos; no te rindas, no te quites, ¡Sigue! Permítete buscar ayuda de un familiar, un amigo, un compañero de trabajo, un pastor, un sacerdote, un psicólogo, un tanatólogo, un consejero, hay muchas opciones, solo basta con tener el deseo y la intención de buscarla.

¡Y recuerda que es un proceso unico, individual, especial, propio; así que avanza a tu tiempo, a tu ritmo, a tu velocidad; pero te invito a que te decidas y empieces ya!

# EJERCICIO 5.1.

Toma un papel y un lápiz. Se trata de empezar a evaluarte, reflexionar, escribir y descubrirte. Haz una lista tan detallada como necesites. No hay límite. Prepara esta tabla:

| ¿Por cuáles situaciones en tu vida actualmente has pensado en rendirte? | ¿Qué cosas has intentado para no rendirte? | Después de leer y reflexionar sobre este capítulo ¿Qué estás dispuesto a hacer para no rendirte? | ¿Cuál es tu compromiso contigo desde hoy para lograrlo? | ¿En cuánto tiempo lo harás? |
|---|---|---|---|---|
| 1. | 1. | 1. | 1. | 1. |
| 2. | 2. | 2. | 2. | 2. |
| 3. | 3. | 3. | 3. | 3. |
| 4. | 4. | 4. | 4. | 4. |

# ORACIÓN

Mi buen Jesús, mi Salvador, gracias por ayudarme a no rendirme ante las dificultades que se presentan en mi vida. Pero te pido hoy, Señor, que en mis momentos de debilidad humana, cuando pienso que no puedo más y estoy a punto de rendirme y de quitarme, que me sostengas de tu mano y me muestres el camino. Que me muestres todas las alternativas que tengo para seguir adelante en mi caminar. Que me enfoque en todas las opciones disponibles. Que reconozca, Señor, que a veces es necesario detenerse, tomarse un descanso, cargar las baterías y coger fuerzas para seguir. No para rendirme, si no para seguir adelante. De tu mano, Señor, lo haré. ¡Que así sea!

# SEGUNDA PARTE
# Aprende

# CAPÍTULO 6
# APRENDE A LEVANTARTE CUANDO CAIGAS

«Si te caes siete veces, levántate ocho.»
Proverbio chino

«Porque siete veces cae el justo y vuelve a levantarse,
pero los malvados caerán en el mal.»
Proverbios 24:16

¿Cuántas veces te has caído? Si hubiéramos llevado una estadística de las veces que nos hemos caído, quizá no terminaríamos la lista. Pero lo importante, como dice el refrán, no es caer: es levantarte. ¡Cuánta verdad en esta frase! ¿Hemos caído y nos hemos levantado? ¿o te ha pasado que te has caído y aún te encuentras en el suelo? Y como dice el proverbio chino, levántate cada vez que te caigas y más allá. No importa cuántas veces te caigas, siempre levántate.

¿Sabes algo, amigo lector? Que te hayas caído, te lo acepto. Que aún estés en el suelo, ¡No! No puedes quedarte ahí. Es lo más difícil de cuando nos caemos, ¡Levantarnos! Todos nos caemos pero, ¿cuántos nos levantamos?

¿Te has puesto a pensar sobre las caídas que sufrió Jesús? Él también tuvo una persona que le tendió la mano. Todos en algún momento de nuestras vidas tenemos personas que nos auxilian, pero a veces, no lo vemos o no deseamos recibir esa ayuda, ese jalón. A veces, ni deseamos que las personas a nuestro alrededor se percaten de lo que nos pasa, por orgullo, por el qué dirán, por el ego. Pero Jesús sí permitió que el cirineo, Simón de Cirene, le ayudara a cargar su cruz.

¿Cuántas veces hemos visto que dos personas se caen por la misma situación: infidelidad, drogadicción, prostitución, alcoholismo; y una se levanta y la otra se queda ahí, tirada en el piso, llorando y lamentándose? A veces, esa otra persona decide no levantarse hoy, ni mañana ni pasado mañana. Y pasan las horas, los días, las semanas, los meses, los años, la vida y nunca se levanta.

Entonces ¿qué diferencia hay entre la persona que después de un tiempo se levantó y en la otra que pasó la vida tirada en el suelo? ¿Será falta de ánimo? ¿Actitud? ¿Voluntad? ¿Entereza? Veamos.

El ánimo es importante porque es la capacidad que tiene el ser humano de experimentar emociones y afectos, y de comprender. También es la intención de hacer o conseguir algo. Es la energía para resolver o emprender algo (Oxford Languages). Viene del latín *anĭmus* que, a su vez, deriva de un vocablo griego que se traduce al español como 'soplo'. Ánimo es un término que puede ser aprovechado como sinónimo de las ideas de energía, esfuerzo, voluntad y valor (definición.de). Pero la definición que más me complace es la de la Real Academia Española (RAE): «actitud, disposición, temple, valor, energía, esfuerzo, intención, voluntad, alma o espíritu».

Por eso escuchamos: «Hay que tener buen ánimo» es tener la energía para completar esa acción. Cuando animamos a alguien le damos un soplo de vida, le damos fuerza vital. Por ejemplo, cuando el médico le da la primera nalgada a un recién nacido que tiene en sus manos, le da un soplo de vida, le da ánimo. Más cuando hay desánimo, le quitamos energía a esa acción. No importa lo que sea. Si no tenemos ánimo, no tenemos la energía, la motivación, la voluntad, no tenemos la fuerza. No hay acción.

Te recomiendo, amigo lector, que evalúes muy, muy bien, con quiénes te rodeas, compartes, vives. ¿Que por qué te digo esto? Porque hay personas a tu alrededor que te roban tu ánimo, tu energía; y sin darte cuenta, de momento no tienes ánimo para nada. Ladrones del ánimo. Y los puedes tener muy cerca de ti. Evalúate y evalúa tu entorno. ¿Ya estás pensando en alguien muy, muy cercano, con estas características? No necesariamente hay que sacar a esa persona de tu vida. Lo importante es que lo identifiques, lo reconozcas y sepas de aquí en adelante, cómo vas a trabajar con ello. Aunque hay ocasiones, que dependiendo de la magnitud, sí tendrás que decidirlo y habrá que separar a esa persona de tu vida y darte un espacio. ¿Estás de ánimo para levantarte?

La actitud es la manera de estar alguien dispuesto a comportarse u obrar. Es la postura del cuerpo que revela un estado de ánimo (Oxford Languages). Proviene del latín *actitudo*. Es la capacidad propia de los seres humanos con la que enfrentan el mundo y las circunstancias que se les podrían presentar en la vida real (definición.de). Según la RAE, es la postura del cuerpo, especialmente cuando expresa un estado de ánimo. Es cómo te comportes ante tal circunstancia, cómo enfrentas la vida, qué posición asumes.

La actitud puede ser positiva o negativa, lo que puede afectar el entorno de las personas significativamente para bien o para mal. Tener o no tener calidad de vida tiene que ver mucho con tu actitud. Es cómo te enfrentas ante las circunstancias que se presentan día a día. ¿Te quedas en el suelo o te levantas? ¿Tienes una actitud proactiva para levantarte? ¿O tu actitud es de quedarte en el suelo?

La voluntad es la capacidad que tiene el ser humano para decidir con libertad lo que desea y lo que no. Es tener, de manera consciente, el deseo de realizar una acción. Es algo que te mueve a hacerlo. Proviene del latín *voluntas*, es la potestad de dirigir el accionar propio. La voluntad implica generalmente la esperanza de una recompensa futura, ya que la persona se esfuerza para reaccionar ante una tendencia actual en pos de un beneficio ulterior (definicion.de). Según la RAE, es facultad de decidir y ordenar la propia conducta, ganar o deseo de hacer algo.

¿Tienes la voluntad de levantarte? ¿Tienes esa capacidad de desear levantarte? Nadie puede hacerlo por ti. Te pueden ayudar, empujar, halar, pero tú tienes que tener la voluntad para hacerlo.

La entereza es la cualidad de la persona que afronta un problema o dificultad con serenidad y fortaleza (Oxford Languages). En la Biblia, la palabra entereza tiene un significado de fortaleza, firmeza de ánimo. Según la RAE, entereza es integridad, perfección, valor, fortaleza de ánimo, severa y perfecta observancia de la disciplina.

Claro, es fácil decir: «¡Levántate!», pero no es nada fácil llevarlo a cabo, sobre todo cuando estamos en un mal momento de nuestra vida. No trabajar esto puede llevar a la depresión, que es un trastorno del estado de ánimo que puede hacernos sentir tristes y con desesperanza.

Una de las mayores dificultades cuando nos caemos, es levantarse. Pero estando en el suelo, en el piso, en el hoyo, es un excelente momento para reflexionar sobre nosotros mismos, nuestras circunstancias y esto que nos ha causado tanto dolor. Ese ánimo, actitud, voluntad y entereza es la que necesitamos para levantarnos del piso, limpiarnos las rodillas, curarnos si es necesario y seguir, seguir y seguir. No estancarnos. Saber y reconocer que incluso, si no podemos levantarnos solos del piso, no debemos tener el síndrome de súper mujer o súper hombre, y debemos atrevernos a pedir ayuda a un amigo, a un familiar, a un vecino, a un profesional de ayuda, a un psicólogo, a un tanatólogo, a un pastor, a un sacerdote. Extender los brazos y que alguien de un jalón nos levante.

Recuerda, querido lector, que lo importante es no quedarte en el piso lamentándote. Sí, es necesario, estando en el piso, permitirte llorar, limpiarte la herida y no querer levantarte. Una vez permitido este proceso —que a algunas personas les toma más tiempo que a otras—, utilizar las cuatro palabras claves: ánimo, actitud, voluntad y entereza. El fin primordial es levantarte y volver a empezar. Aprende a levantarte cuando caigas.

Cuánto me fijo en lo niños pequeños cuando están aprendiendo a levantarse y a caminar. Es espectacular sentarte a contemplarlo. Me remonto a mis hijos cuando eran bebés. Cuando ya están listos, se paran, caminan, se caen, y enseguida se levantan y lo vuelven a intentar. Se paran, caminan, se caen y se levantan y siguen. Una y otra, y otra, vez, todo el día. Y si acaso al caerse se golpearon duro, se tocan el área del cuerpo donde se dieron, lloran a gritos, y se levantan. ¿Por qué no imitamos a los niños? Son nuestros mejores maestros.

Para trabajar y mejorar con ánimo, actitud, voluntad y entereza necesitas: mantenerte activo, sacar tiempo para ti; si es necesario, pedir ayuda sin temor, mantenerte conectado contigo, creer en ti, creer que lo vas a lograr. Haz como los niños: camina, camina, camina, y cuando te caigas, levántate y sigue.

¡Y recuerda que es un proceso unico, individual, especial, propio; así que avanza a tu tiempo, a tu ritmo, a tu velocidad; pero te invito a que te decidas y empieces ya!

# EJERCICIO 6.1.

Toma un papel y un lápiz. Dobla el papel en cuatro partes iguales. Ahora escribe en cada parte las cuatro palabras: ÁNIMO, ACTITUD, VOLUNTAD, ENTEREZA. Ya que conoces la definición y lo que necesitas para levantarte: Comienza a escribir en cada uno de estos conceptos, qué necesitas para lograrlo.

| ÁNIMO | ACTITUD |
|---|---|
| 1. | 1. |
| 2. | 2. |
| 3. | 3. |

| VOLUNTAD | ENTEREZA |
|---|---|
| 1. | 1. |
| 2. | 2. |
| 3. | 3. |

# ORACIÓN

Mi buen Jesús. Que al igual que Tu caíste y te levantaste, yo aprenda a levantarme cada vez que caiga. Tú le pedías al Padre que no te dejara solo, que no te abandonara. Yo ahora te pido, que siempre estés conmigo. Que nunca me abandones, aunque yo te he abandonado a menudo y a veces me olvido de ti. Por favor, Señor, no te olvides de mí y ayúdame a levantarme cada vez que caigo. No me dejes en el suelo. Que seas Tú mi salvavidas. Que seas Tú quien me dé ese jalón para salir del hoyo en el que me encuentro. Levántame del piso, mi buen Jesús, y junto a Ti, no tendré miedo. Ayúdame a tener un ánimo inquebrantable, una actitud positiva, a tener fuerza de voluntad para levantarme y a tener entereza, confianza y fortaleza de que lo voy a lograr y me voy a levantar. ¡Que así sea!

# CAPÍTULO 7

# APRENDE A ESTABLECER LÍMITES

«Se debe pedir a cada cual, lo que está a su alcance realizar.»
El Principito

«Como ciudad derribada y sin muro es el hombre cuyo espíritu no tiene rienda.» Proverbios 25:28

Siempre he dicho que establecer límites es la mejor forma de amarnos. ¡Pero cuánto nos cuesta! Lo aprendí hace unos años, pero hubiera querido hacerlo antes, aun de niña. ¡Cuántos sufrimientos y tormentos me hubiera ahorrado! Establecer límites es trazar una línea divisoria, que no se tiene que ver.

Primero, debemos definir qué es eso de poner límites. Se escucha fácil pero ¿será posible? Es expresar de manera clara, con respeto y sin rodeos: qué deseamos, qué necesitamos y qué no. Es establecer una línea imaginaria indicándole a los demás qué cosas permites y cuáles no, y hasta dónde pueden llegar. Ponernos límites es querernos, cuidarnos, respetarnos y no perjudicarnos, aceptando todo el tiempo lo que las demás personas quieren. Es ponernos reglas propias a nosotros y a los demás. Reglas que debemos seguir. Establecer límites nos ayuda a protegernos saludablemente.

De alguna manera es saludable establecer límites personales, mentales y emocionales. Aprende a hablar desde ti, desde tus deseos, desde tus necesidades. Por ejemplo: «A mí me gusta», «A mí no me gusta», «Quisiera», «No me agrada», «No estoy de acuerdo con…».

Siempre recuerdo a mi querida amiga, la hermana Nancy, monja, psicóloga y hermana en Cristo Jesús, quien en mis mayores momentos de debilidad, angustia y sufrimiento por la condición de salud de mi padre, estuvo ahí, incondicional para mí. Y fue quien me enseñó y me mostró el camino para aprender a establecer límites saludables, límites sanadores. ¡Gracias, Nancy!

Aprendí que nos cuesta mucho poner límites a la pareja, a la familia, a los amigos, laborales, a nosotros mismos, porque pensamos que establecerlos es egoísta. Pero te digo, amigo lector, que no lo es. De hecho, es una actitud sumamente saludable para tu vida.

Esto de establecer límites puede traernos situaciones conflictivas con amigos, familia, compañeros de trabajo, tiempo, espacios; y tenemos que estar preparados porque esto puede decepcionar e irritar a los que nos rodean. Sobre todo, cuando vean el cambio en ti. Pero al cabo del tiempo, se darán cuenta de que estás estableciendo límites por tu bien. No establecer límites afecta tu salud física, mental y emocional, no lo olvides.

Aprende a identificar hasta dónde puedes llegar. Empieza por ahí, por respetar tus propios límites. Todos debemos tenerlos. Establece límites primero contigo para que luego puedas ponerlos a los demás. Aprende a expresar cuando no puedes hacer tal o cual gestión. A veces priorizamos las necesidades de las demás personas por encima de las nuestras, lo que trae como consecuencia que entonces entremos en conflicto con nosotros mismos.

Reconoce lo que no te gusta. Aprende a identificar las cosas que no estás dispuesto a negociar o ceder. Valórate y aprende a escucharte para que te sea más fácil establecer los límites. Ten presente que establecer límites es expresar con respeto, con claridad, lo que te gusta y lo que no, lo que quieres y lo que no, sin sentirte mal por ello.

Establecer límites es lo que te ayuda a vivir en la vorágine de situaciones diarias. Pero ten en cuenta que las personas que te rodean no están acostumbradas a que establezcas límites. Será algo nuevo para ti y para ellos.

Recuerda indicarle a las personas que te rodean dónde y cuáles son tus límites; de esta manera aprenderán a respetarlos. Eso te hace una mejor persona, créelo.

A veces la parte más difícil es establecer límites a personas a las que amas. Por eso es que no nos atrevemos a dar el paso de poner límites, lo que nos crea, como consecuencia, mucho desasosiego y en ocasiones, mucho dolor y frustración. Eso no significa que no hables o que te alejes de tus seres queridos. Significa que estás poniendo límites sanadores, lo que te va a traer mayor respeto y bienestar hacia ti mismo. Establecer límites es también una cuestión de amor propio.

Tenemos miedo a romper las relaciones, a que nuestros seres queridos se alejen, nos dejen de hablar o de buscar. Y he aquí donde tienes que estar claro, amigo lector: el poner límites no te hace mala persona ni mal cristiano. Aprende a expresar cómo te sientes sin tener que estar pidiendo disculpas. No has hecho nada malo. No es egoísta poner límites. Entiende que no todo se puede en el momento cuando los demás lo solicitan. Es sensato y saludable establecer límites por tu propia paz y armonía.

Vas a aprenderlo según veas lo bien que se pasa cuando pones límites a tu familia, a tus amistades, a tu trabajo, a tus relaciones. Por el bien de tu salud física y mental, es necesario que aprendas a ponerlos. No tienes que sentirte culpable y no tienes que pedir perdón por ponerlos.

Poner límites también simboliza amor; es una forma maravillosa y extraordinaria de expresión de amor, hacia ti y hacia los demás. Cuando no sabemos poner límites realmente no nos amamos a nosotros mismos y terminamos descuidándonos y descuidando nuestras propias necesidades. Reconoce que esto afecta siempre nuestro bienestar tanto emocional, como físico y mental.

Si no tenemos nuestros límites claros, porque no los conocemos o no los identificamos, no podemos establecerlos. ¡No podemos tirar la raya!

¿Alguna vez te has sentido mal porque un amigo o un familiar te ha establecido límites, sin embargo, terminas respetándolos? Por ejemplo, le dices a un amigo: «Entonces te llamo hoy a las 8:30 pm y conversamos», y el amigo te contesta: «Debe ser más temprano, a esa hora yo estoy ocupado y no atiendo llamadas». Tú te quedas pensativo y quizá hasta incómodo, pues tu amigo te estableció un límite. Al cabo de un rato, y luego de reflexionar piensas: «Si hubiera sido a la inversa, yo hubiera atendido a mi amigo aunque hubiera estado ocupado, sin embargo, pienso que en realidad él fue honesto conmigo y me indicó que no podía. Debo respetarlo y no ponerme así».

Esto mismo sucederá cuando comiences a poner límites a las personas a tu alrededor. Quizás de momento pregunten por qué estás estableciendo límites si nunca lo habías hecho, pero finalmente, terminarán respetándolos. Poner límites a los demás nos permite poner mayor atención en nosotros, en qué necesitamos y deseamos.

Reconoce que es sumamente importante que aprendas a poner tus propios límites. Como todo hábito nuevo que iniciamos, al comenzar a establecer límites, ya que es algo nuevo para ti, habrá veces que lograrás establecerlos y otras veces no. Pero no te sientas frustrado. No te desanimes. A veces, en la vida, es así. Cada día que pase, será más fácil implantarlo. Recuerda, es cuestión de tiempo y de practicarlo todos los días.

Te comparto algunos de los beneficios de poner límites: crece tu autoestima, mejora la seguridad en ti, empiezas a creer en ti mismo, maduras, te sientes más independiente en todos los aspectos, sobretodo emocionalmente, comienzas a conocerte mejor y a establecer relaciones más sanas. Empiezas a sentirte mejor. También quiero que te preguntes si tú respetas los límites de los demás. Es muy importante que la contestes sinceramente. Amigo lector, si no respetas los límites de los demás, no puedes pretender y exigir que respeten los tuyos.

Recuerda que siempre debes de cuidar de ti mismo. Tú eres la persona más importante en esta vida. Puedes seguir sirviendo con amor, pero estableciendo límites sanos para tu bienestar. Debemos seguir poniéndolos en todos los planos de la vida. Siempre recuerdo el refrán de Gabriel García Márquez cuando dijo: «Lo más importante que aprendí a hacer después de los cuarenta años fue a decir no cuando es no».

Así que, amigo lector, manos a la obra y a establecer límites.

¡Y recuerda que es un proceso unico, individual, especial, propio; así que avanza a tu tiempo, a tu ritmo, a tu velocidad; pero te invito a que te decidas y empieces ya!

# EJERCICIO 7.1.

Toma un papel y un lápiz. Quiero que hagas tres columnas. En la primera escribe una lista: ¿Qué cosas o situaciones identificas en tu vida que no son aceptables para ti, que no te gustan y aun así sigues haciéndolo, a los que quieres poner límites? Al lado, en la siguiente columna indica ¿Por qué es importante para ti que estos límites se respeten? En la tercera escribe ¿De qué manera vas a ayudarte para lograrlo?

| ¿QUÉ LIMITES IDENTIFICO EN MI VIDA QUE NO SON ACEPTABLES? | ¿POR QUÉ ES IMPORTANTE PARA MÍ QUE ESTOS LÍMITES SE RESPETEN? | ¿DE QUÉ MANERA VOY A AYUDARME PARA LOGRARLO? |
|---|---|---|
| 1. | 1. | 1. |
| 2. | 2. | 2. |
| 3. | 3. | 3. |

# ORACIÓN

Señor, permíteme cada día dar lo mejor de mí, pero aprendiendo a establecer límites para no lastimarme. Muéstrame el camino a seguir. Permíteme tomar decisiones correctas. Permíteme expresar mis sentimientos con respeto. No quiero que nadie se sienta mal conmigo pero reconozco que no manejo las emociones de los demás, pero sí las mías. Quiero seguir ayudando y sirviendo, Señor, pero ayúdame a aprender a establecer límites para que yo esté mejor. Límites que me ayuden a sentirme bien conmigo misma. Límites para sacar tiempo para mí, porque yo quiero estar bien y se Señor que Tú también me quieres ver bien. Ayúdame a poner en práctica el establecer límites por mi salud espiritual, física, mental y emocional. Cuando no ponemos límites, nos enfermamos, y yo quiero estar saludable para mí y para los demás. ¡Que así sea!

# CAPÍTULO 8
# APRENDE A PERDONARTE PRIMERO, LUEGO PERDONA

«El perdón cae como lluvia suave desde el cielo a la tierra. Es dos veces bendito; bendice al que lo da y al que lo recibe.»
William Shakespeare

«No juzguen, y no serán juzgados. No condenen y no serán condenados. Perdonen y serán perdonados.»
Lucas 6:37

«Y perdona nuestras ofensas, como también perdonamos a los que nos ofenden». ¡Cuán profundo este extracto del Padre Nuestro y cuánto lo olvidamos a diario! Más de 40 veces aparece la palabra 'perdón' o 'perdonar' en la Biblia; no es casualidad. Cuánto se ha escrito sobre el perdón: cuántas canciones, cartas y poemas. Y es que no es nada fácil, porque nos exigimos mucho a nosotros mismos y a los demás.

«Bueno, yo perdono pero no olvido.» ¿Has escuchado esta frase alguna vez? ¿La has dicho? Para llevar a cabo este acto de amor, primero tienes que entender que antes de perdonar a otro, tienes que perdonarte a ti mismo. Y te preguntarás: «¿Perdonarme yo, de qué, por qué? No he hecho nada». Perdonarte porque no eres perfecto, porque también fallas, porque cometes errores. Perdonarte es un regalo que te entregas a ti.

Al igual que el amor, es el perdón. Van de la mano. No puedes amar a nadie si no te amas a ti primero y, no puedes perdonar a nadie, si no te perdonas a ti primero. Es la regla dorada del perdón y del amor. Para perdonarte y perdonar, tiene que existir mucho, mucho, mucho amor. Y tienes que tenerte paciencia y compasión para lograrlo. Cuando te perdonas, estás aceptando que te fallaste y le fallaste a alguien, por eso es que nos cuesta tanto. Por ego, por culpa, por miedo, por vergüenza.

No se trata de olvidar lo que sucedió, porque el recuerdo siempre va a estar ahí. Se trata de sobrepasar ese dolor, no permitir que te siga doliendo. En los casos de personas que han sufrido traumas, es más difícil, pero no imposible perdonar; porque a veces, perdonar aumenta el riesgo de que se repita el daño causado hacia esa persona. Por eso siempre se recomienda que busquen ayuda profesional, psicológica y espiritual.

Nos cuesta mucho mirarnos hacia adentro. Tener introspección. Y cuando por fin logramos mirarnos, nos damos cuenta de que erramos; mas no nos atrevemos a perdonarnos o a pedir perdón, por miedo; porque al reconocerlo, aceptamos que somos imperfectos y que somos humanos. A veces el orgullo de no pedir perdón y no perdonarnos nos agobia, nos condena. Vivimos presos del dolor por no perdonar. Y para no mirar hacia adentro, miramos hacia afuera, hacia otros. Al final es más fácil culpar a otros que a nosotros, ¿o no? Te invito a que te mires y aceptes lo sucedido. Trabájalo.

Permíteme, querido lector, indicarte que la palabra perdón, por definición, es liberar a una persona, o a ti, de un castigo u obligación. Trabajar con la falta y no guardar rencor. Por lo que, perdonar es dejar atrás el rencor y trabajar duro para aprender a vivir sin que esa situación te siga perjudicando. Si hay otras personas que te han perdonado alguna vez por cosas que has hecho o por las que no, entonces ¿por qué se te hace tan difícil perdonar?

Quiero aclarar nuevamente que perdonar no es olvidar. No es justificar lo que me hicieron, no es pasar la página. Entonces ¿el que no olvida, no perdona? La realidad es que nuestra mente raras veces olvida. Quizás siempre lo recuerdes, pero al perdonar disminuye en ti el poder que le diste, disminuye el rencor, la sed de venganza, y sientes libertad. El evento está ahí. Puedes acordarte del incidente; pero al trabajarlo, al perdonar, has trascendido y solamente queda el recuerdo de lo que pasó. El perdón te da libertad. Es reconciliarte contigo y con el otro. Pero es una decisión. Tú escoges si perdonas.

Cuando se trata de que fuiste tú quien falló, primero tienes que admitir la falla que cometiste. A veces toma años aceptarlo. Y lamentablemente, tengo que decirte, amigo lector, que si no realizas este primer paso, no podrás trabajar todo lo que viene detrás. El primer paso es admitirlo. Hacerte responsable de lo sucedido. Y ¡cuánto nos cuesta!

Si otro te falló, el primer paso es que identifiques las emociones que tienes contra esa persona que no has podido perdonar, y contra ti mismo. Una vez identificadas, entonces comienza a trabajar sobre ellas. No vas a poder perdonarte y perdonar, si no has trabajado primero con esta limitación de esas emociones negativas que sientes.

Pero pregúntate ¿cómo crecemos si no es cometiendo errores? De ahí es que deberíamos aprender. Digo deberíamos, porque hay personas que no aprenden de sus errores y vuelven a cometerlos.

Comienza con perdonarte a ti, teniendo en cuenta que, quizás llevas años, a veces toda una vida, con esas emociones arraigadas a ti, a tu mente, corazón, a tus sentimientos y pensamientos. Recuerda que tuviste un pasado, pero ese pasado no te representa. Tu pasado fue parte de ti, pero no eres tú. Muy probablemente hiciste cosas de las cuales hoy te arrepientes. Eso se vale. Todos, todos los seres humanos cometemos errores a menudo. Lo importante es reconocer que hemos fallado y estar dispuestos a comenzar de nuevo. Si hubieras tenido una *bola de cristal* donde ver el futuro, quizás no hubieras hecho lo que hiciste. Pero ya lo hiciste. Ya pasó. Y tal vez has lastimado a muchas personas con esa acción. La pregunta ahora es si vas a estar el resto de tu vida cargando con esa culpa y con ese dolor por el daño causado. Si hubieras sabido el dolor y el daño que eso que hiciste iba a causar, muy probablemente no lo hubieras hecho, ¿o sí? Analízalo.

Es increíble cómo a veces a las personas se les hace más fácil perdonar a otros que perdonarse a ellas mismas. Empieza por ti. Por tu perdón. Y que conste, que hay ocasiones que la transgresión o la falta que cometimos es inmensa pero no es aceptable escuchar: «Eso es imperdonable». Te digo, amigo lector, que Dios es infinitamente misericordioso y si existe un arrepentimiento genuino, Él nos perdona.

Una vez perdonas, te liberas. Y entonces evalúas que quieres hacer con esa persona, con esa relación. ¿Continúas tan de cerca?, ¿te alejas?, ¿finalmente te retiras? Tienes que evaluar, pero la recomendación es que no tomes decisiones a la ligera ni bajo emociones. Que la decisión vaya acorde con lo que realmente quieres, sientes y piensas. Recuerda que bajo emociones no se toman sabias decisiones.

"Yo no me perdono". En el caso de que sea contigo el perdón, no es lo mismo. No puedes decidir alejarte de ti mismo. Así que, amigo lector, tienes que trabajar más duro porque el perdonarte se te va a hacer más cuesta arriba si sigues pensando de esta manera. No hay nadie más. La peor pelea que puedas tener eres tú, contigo. Si al menos te amas un poco, tienes que mejorar esa parte de tu vida y comenzar a trabajar en ello. Busca ayuda.

De todo corazón te comparto que he crecido mucho, y me falta mucho por caminar, y agradezco haber aprendido a perdonar a las personas que de una manera u otra me ofendieron, porque gracias a ellas he aprendido el verdadero sentido del perdón. Me han enseñado la palabra perdón en toda su expresión, en todos los idiomas, en todos los ámbitos, de todas las formas impensables.

La parte más importante es cuando aprendes a perdonar y a perdonarte a ti mismo. Es una sensación de placer, de satisfacción, de libertad, de felicidad, de agradecimiento. Es libertad en toda su expresión y significado.

Si finalmente decides perdonar o perdonarte, hazlo de corazón. Que sea un perdón genuino. De lo contrario, querido lector, te recomiendo muy humildemente, que entonces no perdones porque, al parecer, no estás preparado para hacerlo.

Una clave que me ha ayudado muchísimo y he aprendido a través de los años y que comparto con las personas en mi oficina es que visualmente, imaginen que se sientan en una cancha de baloncesto, o en el teatro, en los bancos de arriba, y miren los personajes y la situación desde afuera. Este ejercicio te permite ver en escena la situación, verte a ti y a las personas a quienes ofendiste o te ofendieron, desde otra óptica, con otros espejuelos. Esta técnica te va a ayudar muchísimo y podrás analiza mejor la circunstancias del evento que ocurrió.

Una de las mayores situaciones en donde nos cuesta perdonar, y que escuchamos en canciones, poemas, libros, a menudo, es una pareja cuando uno de los dos ha sido infiel: «Esto no se lo perdonaré jamás», «Aunque se arrodille delante de mí, no lo voy a perdonar», «Aunque me lo pida mil veces».

La mayor dificultad con esto es que la persona ofendida, en muchas ocasiones, piensa y siente que si perdona es como si no hubiera pasado nada. Y ya. Se acabó. Borrón y cuenta nueva. El perdón verdadero, no funciona así. Recuerda que el mayor beneficio de perdonar lo tienes tú porque te liberas. La otra persona tiene que trabajar con sus emociones, tú trabaja con las tuyas. A veces llevamos la carga y el rencor hasta la tumba. Por eso no puede ser perdonar y ya. Es comenzar desde cero en esa relación. Hay que reconstruir sobre los cimientos anteriores. Recuerda, si la persona que te agredió o te ofendió decide cambiar, lo puede lograr, pero ese cambio depende de esa persona, no de ti.

Por otro lado, cuánto nos cuesta perdonar, pero cuánto exigimos que nos perdonen. Y no es pasar la página y ya. ¡No! Es no vivir con ese rencor, odio, coraje, tristeza y frustración toda nuestra vida. Cuando las personas logran perdonar se arrepienten de no haberlo hecho antes.

Pero el perdón más duro de trabajar es el perdón a ti mismo. No te culpes más. Deja de culparte. ¡Cuánto nos latigamos, nos flagelamos y nos fustigamos! Somos nuestro peor enemigo, y el más duro de perdonar. Cuánto nos reprochamos una y otra vez por aquella decisión que tomamos o peor aún, por aquella que no. Por aquel acto que hicimos y por el que no. Por actuar indebidamente o por no actuar. Por decir tantas cosas o por quedarnos callados. Recuerda que un sentimiento no trabajado se convierte en resentimiento. Nos quedamos con ese sentimiento, no lo trabajamos y podemos llevarlo por años.

Perdónate cuando estés listo, pero hazlo de corazón para que puedas superar el dolor. El perdón no es de hoy para mañana, no se hace enseguida. No es magia. No es fácil perdonar, ¿quién dijo que lo fuera?, pero no es imposible. Permite a tu mente descansar de esos pensamientos rumiantes. Permítete sentir alivio. Saca ese odio, ese rencor y esa culpa que no te dejan vivir. Observa. Observa. Observa y perdona ¿Qué aprendiste de este proceso? Es a tu tiempo, a tu ritmo, a tu velocidad. Cuando estés listo.

«El tiempo lo cura todo», mentira. El tiempo no cura y no perdona. El tiempo no perdona. Lo tienes que hacer tú. Solamente te toca a ti. El tiempo pasa; pero si tú no haces la gestión de trabajarlo, el tiempo solo no cura nada. Ni el dolor, ni el rencor, ni la culpa. Tienes que trabajarlo tú.

Reconozco que no todos los seres humanos están listos para perdonar. Es una acción que nos cuesta, pero ¡cuánta libertad nos da! Los que hemos podido perdonar, sabemos que es una libertad única, indescriptible, inexplicable. Sobre todo, si ese perdón hacia adentro y hacia afuera fue de corazón.

Recuerda, somos seres humanos y erramos, es parte de nuestra naturaleza humana. Permítete tomar acción sobre tus actos. Permítete recapacitar, rectificar y una vez te has perdonado empieza de nuevo. Así y solamente así, serás libre. Porque ya estás preparado para entonces perdonar a otro.

Por otro lado evalúa tus acciones. En ocasiones vamos por la vida cometiendo faltas a consciencia para luego pedir perdón. El famoso refrán: «Es mejor pedir perdón, que pedir permiso», es una barbaridad. El perdón tiene que nacer, tiene que ser genuino. Y de nada vale que vayas cometiendo faltas, para saber que luego vas a tener que pedir perdón. Eso no es para nada sincero. Cuantas personas dicen: «Si en algo te ofendí, pues, entonces perdón». Eso no es pedir perdón genuinamente, sinceramente y a consciencia. Eso es tirarlo ahí, y ya. ¿Dónde está el verdadero arrepentimiento? ¿Cómo que si en algo te ofendí? Entonces incluso dudas de que hayas ofendido. Debes realizar con consciencia un análisis de si realmente fallaste o no, y en qué. Entonces, y solo entonces, estarás listo para, responsablemente, pedir perdón. Por otro lado, no debes seguir fallando en lo mismo, para seguir pidiendo perdón una y otra vez, por lo mismo, por una acción tuya que ya estaba superada. Eso no es saludable. Trabaja sobre ello.

Recuerda, cuando estés listo, perdónate y perdona. Y tienes que estar preparado para la respuesta: para que la otra persona te acepte o no. Esa es su decisión. Si te perdona, que bueno; comienza a realizar cambios y valora ese perdón que te ofreció; pero si no, tendrás que aceptarlo y deberás trabajar sobre esto, pero ya pediste el perdón. Ya hubo acción de tu parte. El realizar el acto de pedir perdón ya te liberó.

¡Y recuerda que es un proceso unico, individual, especial, propio; así que avanza a tu tiempo, a tu ritmo, a tu velocidad; pero te invito a que te decidas y empieces ya!

# EJERCICIO 8.1.

Toma un papel y un lápiz.

Se trata de empezar a evaluarte, reflexionar, escribir y descubrirte. Haz una lista tan detallada como necesites. No hay límite.

| ¿POR QUÉ COSAS O ACCIONES TENGO QUE PEDIRME PERDÓN? | ¿POR QUÉ NO ME HE PERDONADO? | ¿QUÉ NECESITO PARA PODERME PERDONAR? | ¿CUÁNDO EMPIEZO A TRABAJAR EN ESTO? |
|---|---|---|---|
| 1. | 1. | 1. | 1. |
| 2. | 2. | 2. | 2. |
| 3. | 3. | 3. | 3. |

# EJERCICIO 8.2.

Toma un papel y un lápiz.
Se trata de empezar a evaluarte, reflexionar, escribir y descubrirte. Haz una lista tan detallada como necesites. No hay límite.

| ¿A QUIÉN TENGO QUE PEDIR PERDÓN? | ¿POR QUÉ COSAS O ACCIONES TENGO QUE PEDIRLE PERDÓN? | ¿POR QUÉ NO LE HE PEDIDO PERDÓN A ESA PERSONA? | ¿QUÉ NECESITO PARA PEDIRLE PERDÓN? | ¿CUÁNDO EMPIEZO A TRABAJAR EN ESTO? |
|---|---|---|---|---|
| 1. | 1. | 1. | 1. | 1. |
| 2. | 2. | 2. | 2. | 2. |
| 3. | 3. | 3. | 3. | 3. |

# ORACIÓN

Amado Dios. Una vez más ante ti. Señor, en este día quiero pedirte perdón primero por mí. Por mis fallas, por mis acciones, por mi inacción, por lo que digo y lo que callo. Perdóname por mis pensamientos, por juzgar. Ayúdame a trabajar mi perdón todos los días. Cada día me esfuerzo por ser mejor ser humano y evitar fallar, pero vuelvo y caigo, Señor, porque soy humano. Reconozco que imperfecto. Pero lo bueno, Señor, lo bueno es que Tú estás siempre a mi lado y con tu infinita misericordia, perdonas todos mis pecados y mis fallas. Gracias, Señor. Ayúdame a no fallar.

También quiero agradecerte por el poderoso milagro de perdonar, gracias por regalármelo. Gracias porque Tú me has guiado y enseñado el don de perdonar con todas sus ventajas y virtudes. Gracias porque lo hago de corazón, desde lo más profundo de mi ser. Gracias por haberme mostrado cómo hacerlo, para que con tu enseñanza, yo pueda servir de instrumento a otros que aún no tienen la capacidad de hacerlo. Libéralos, Señor, como hiciste conmigo, para que también sientan esa paz que es inexplicable y que sobrepasa todo entendimiento humano. Dales la paz en su corazón y la entereza de que puedan entender el milagro de amor que es perdonar. Te lo pido, Señor. ¡Que así sea!

# CAPÍTULO 9
# APRENDE A SEMBRAR LO QUE QUIERES COSECHAR

«La vida es un jardín, en el que cosechas lo que siembras.»
Paulo Coelho

«El que siembra escasamente, escasamente cosechará,
y el que siembra en abundancia, en abundancia cosechará.»
2 Corintios 9:6

Piensas, sientes y actúas. Los pensamientos que permites que entren a tu mente, si los permites, se quedan ahí y echan raíces, y de eso dependerá la forma en que pienses, sientas y actúes. Por eso es que si te alimentas de pensamientos positivos vas a cosechar acciones positivas, pero si te alimentas de pensamientos negativos, vas a obtener frutos negativos. Si cambias las semillas que siembras, cambiarás lo que cosechas. Por eso escoge muy bien, lo que siembras.

Hace años, antes de ser madre, pensaba que el sembrar era automático, porque siembras las semillas y quieres ver los resultados de inmediato. Pero no es magia, la vida no funciona de esta manera. Así que aprendí que siembras con fe, debes entonces esperar el proceso de germinar, crecer y dar a luz el fruto.

Siembras, echas abono, cuidas, das mantenimiento y te sientas a esperar la cosecha. Igual pasa con todas nuestras relaciones. Un gran ejemplo es con nuestros hijos. Vas sembrando valores, le das mantenimiento y luego, cuando van creciendo, te sientas y vas observando los frutos de lo que sembraste. Por eso evalúa lo que siembras.

Esto nos enseña que no importa lo que sembremos, siempre vamos a cosechar. Esto aplica a todas las áreas de nuestra vida. Con nuestra familia, nuestros hijos, nuestra pareja, nuestros amigos, nuestros compañeros de trabajo, los miembros de la iglesia. En fin, en todas nuestras relaciones.

Las semillas, son los valores que vamos sembrando, nuestras acciones. El abono, es el mantenimiento y seguimiento que damos cuando sembramos. Y la cosecha, es el resultado que obtenemos de lo que hemos sembrado, los frutos. Recuerda, para cosechar, primero hay que sembrar.

Si no sembramos, no podemos sentarnos a esperar la cosecha, pues nada obtendremos. Es sentarnos a esperar en vano. Si nos quedamos con las semillas en el bolsillo y no preparamos la tierra para sembrar, desde nuestros bolsillos no van a dar frutos. Igual pasa en nuestra vida con nuestros valores y nuestros dones. Si nos los quedamos y no los sembramos, no van a dar frutos. Y las semillas de nuestros dones, hay que esparcirlas para que se multipliquen y ponerlas al servicio de todos.

Cosechas lo que siembras. Si el agricultor siembra semillas de naranjas, obtendrá árboles de naranjas, no de peras. Si sembramos amor, cosechamos amor; si sembramos odio, eso cosechamos. Si sembramos indiferencia, obtenemos indiferencia; si sembramos abandono, eso obtenemos. Evalúa lo que siembras.

A veces los padres esperamos una reacción diferente de nuestros hijos, pero en muchos casos eso fue lo que los padres sembraron, pues eso es lo que obtendrán. En el caso de las parejas, a veces esperan que su cónyuge actúe de una manera, pero solamente obtendrán lo que sembraron. Al igual que en el cultivo, en nuestra vida espiritual, mientras menos sembremos, menos cosecharemos; y mientras más sembremos, más cosechamos.

Como dice el refrán: «Quien sabe lo que siembra, no le teme a la cosecha». No tenemos que tener temor si sabemos, a consciencia, qué estamos sembrando en nuestro largo caminar por la vida. Pero cuando tememos, es porque realmente, sabemos que no estamos sembrando amor, valores y buenas semillas. Y cuidado, porque diariamente sembramos muchas semillas.

Quiero brindarte ejemplos de buenas semillas para sembrar en todas tus relaciones: compromiso, bondad, generosidad, amor, fe, justicia, talentos, esperanza, aliento. Ejemplos de malas semillas para sembrar: abandono, negatividad, enojo, tristeza, apatía, odio, ira, frustración.

Recuerda sembrar buenos hábitos y así serán cosechados. Siempre le digo a los padres en la oficina que no se cansen de sembrar. Porque mientas más sembremos, más vamos a cosechar. La cosecha será el mayor fruto que hayamos podido tener: producto de nuestro buen trabajo como agricultores.

Dentro de las cosas importantes que tenemos que hacer antes de sembrar, es sentarnos a evaluar con detenimiento en qué lugar vamos a sembrar, para que sea el correcto. Que ese terreno esté preparado para recibir la semilla. Igual de importante es inspeccionar las semillas antes de sembrarlas, para que aquellas de palabras, actitudes y acciones puedan rendir buenos frutos. Igual es la cantidad que queremos cosechar. Recuerda que si queremos cosechar en abundancia, en abundancia debemos sembrar. Si siembro escasez, no debo de molestarme con la cosecha, pues obtuve lo que sembré. Escoge las semillas. ¡Cuántos errores cometemos con las semillas mal escogidas!

Todo tiene su tiempo debajo del Cielo. Hay tiempo para sembrar y tiempo para cosechar. Dale tiempo a la semilla que sembraste. Cuídala, riégala. Échale abono y espera la cosecha. No todo pasa en un día. No suceden así las cosas.

Esta ley de siembra y cosecha es como la ley de causa y efecto, de acción y consecuencia. Según actúas, así obtendrás los resultados. A veces nos preguntamos por qué nos está pasando esta situación, sin darnos cuenta que en ocasiones, son situaciones provocadas por lo que sembramos. Por eso es importante que evalúes cada día lo que quieres cosechar mañana. Porque lo que cosechas mañana, lo estás sembrando hoy. Si cosechas un fruto que no te gusta, siéntate a evaluar qué fue lo que sembraste. ¿Qué semilla escogiste para sembrar?, ¿Qué abono utilizaste? Puedes molestarte por la cosecha recibida, pero lo que necesitas es sentarte a evaluar. Todos los seres humanos seguimos la misma ley de siembra y cosecha. No discrimina por raza, color, origen, sexo, religión, ideas políticas y religiosas, edad, situación económica. Según siembras, así cosechas. Es una enseñanza universal.

Como ya aprendiste cómo sembrar y sabes lo que quieres cosechar, puedes tomar el control y evaluar antes de sembrar para que siempre te hagas estas preguntas: ¿En qué terreno voy a sembrar?, ¿qué semillas escojo para sembrar?, ¿qué abono voy a utilizar?, ¿qué quiero cosechar? Entonces, y solo entonces, es que vas preparando los pasos para obtener los frutos que deseas en tu canasta de la vida.

Otro ejemplo es cuando descuidamos nuestras relaciones con nuestra pareja, hijos, familia, amigos. Si se ha descuidado la relación y no ha habido amor ni presencia, no podemos cosechar eso, cuando por ejemplo, has sido un padre ausente. «Siembra viento y recogerás tempestades» (Oseas 8:7).

Recuerda también que toda siembra requiere dedicarle tiempo, amor y esfuerzo para lograr los resultados esperados. De eso se trata. Y a veces nos cuesta mucho, pero es algo que bien organizado, podemos trabajarlo y lograr la cosecha que queremos. No es fácil, pero sí se puede lograr, si lo adquieres como un hábito diario.

Apliquemos esto a nuestra vida diaria. Y todos debemos de ir haciendo ajustes para ir mejorando. Si quieres sentirte en buen peso y rebajar, tienes que sembrar la semilla de buenos hábitos alimenticios; y así mismo con el descanso, ejercicio, tiempo de ocio, trabajo, estudio, familia, etc. Es sentarte a evaluar, como quien siembra en su jardín y está esperando que broten esos frutos. Así es la vida. De eso se trata. Y no todos sembramos en el mismo momento ni las mismas semillas. Cada uno siembra a su ritmo, a su forma. Y cada uno siembra los frutos que desea cosechar. Evalúa los que tú deseas cosechar.

¡Y recuerda que es un proceso unico, individual, especial, propio; así que avanza a tu tiempo, a tu ritmo, a tu velocidad; pero te invito a que te decidas y empieces ya!

## EJERCICIO 9.1.

Toma un papel y un lápiz.

Se trata de empezar a evaluarte, reflexionar, escribir y descubrirte. Haz una lista tan detallada como necesites. No hay límite.

¿Qué has estado sembrando hasta ahora en tu vida?, ¿en tu relación con tu familia?, ¿en tu relación de pareja?, ¿en tu relación con tus hijos?, ¿en tu trabajo?, ¿en tu comunidad?, ¿en tu iglesia?

## EJERCICIO 9.2.

Toma un papel y un lápiz.

Se trata de empezar a evaluarte, reflexionar, escribir y descubrirte. Haz una lista tan detallada como necesites. No hay límite.

Como lo que sembramos es tan importante, ¿qué cosas quieres sembrar en tu vida, como ser humano?, ¿en tu relación con tu familia?, ¿en tu relación de pareja?, ¿en tu relación con tus hijos?, ¿en tu trabajo?, ¿en tu comunidad?, ¿en tu iglesia?

Ahora anota qué frutos esperas recibir en cada una de estas siembras que vas a hacer.

# ORACIÓN

Maestro, enséñame a escoger mis semillas antes de sembrarlas, para asegurarme que he hecho una buena elección y no desperdiciarlas. Sígueme ayudando para seguir obteniendo buenos frutos, de acuerdo a las semillas que ya sembré. Permite que no olvide ir sembrando por mi camino semillas con buenos valores, para luego de cultivarlos tener buenos frutos. Que no me desespere por obtener los frutos, sin antes evaluar el terreno, las semillas y el abono que voy a utilizar. Que pueda ser una buena agricultora con mi prójimo, para aprender cada día más sobre el proceso de sembrar y cultivar. Pero sobre todo, que me lleves de la mano ayudándome a escoger sabiamente. ¡Que así sea!

# CAPÍTULO 10
# APRENDE A SERVIR... Y SIRVE

«El que no vive para servir, no sirve para vivir.»
Madre Teresa de Calcuta

«Les aseguro que todo lo que hicieron por uno de mis hermanos, aun por el más pequeño, lo hicieron por mí.»
Mateo 25:40

Esa frase de Madre Teresa de Calcuta la tengo muy acuñada en mí. La aprendí en mi hogar. Y quiero dedicar este capítulo a mi madre quien nos ha enseñado a servir siempre, sin importar las circunstancias. Ella deja de ser de ella, por ser de los demás. ¡Qué clase de ejemplo! Esas palabras de la Madre Teresa son muy profundas porque inclusive dice que debemos de vivir, para servir o no servimos para entonces vivir. Para meditar.

Realiza esta reflexión: ¿Has tenido la oportunidad de servir a los demás? ¿Cómo te has sentido? ¿Te han servido a ti? Cuando das a los demás desinteresadamente sin esperar nada a cambio, la satisfacción que obtienes, no tiene precio. Cuando sirves con amor, te sientes la persona más feliz del mundo. Y no es que sirvas porque te están pagando para que sirvas. Es que lo hagas desinteresadamente, con amor, sin esperar nada a cambio.

Sé humilde y aprende a servir. Da de lo que tienes, y no de lo que te sobra. Comparte tus conocimientos. El servicio no tiene que ver con tu puesto, con tu alta jerarquía, con tu clase social, con tu religión. El servicio te engrandece en silencio sin vanaglorias.

Es importante que en nuestros hogares les enseñemos a nuestros hijos, nietos, sobrinos desde pequeñitos, a todos esos niños y jóvenes que van creciendo, la importancia del servicio a los demás. Es un valor que nunca olvidarán y que les traerá muchos beneficios en su vida, aunque ya tú no estés en este plano.

¿Qué es servir a los demás? Es ayudar a los demás ante cualquier necesidad que tengan. Es salir de nuestra zona de comodidad. Es enriquecerme emocionalmente y espiritualmente de esas vivencias. Pero para servir, mi querido lector, hay que tener amor, y amor para regalar. Ese es el verdadero servicio. Debemos de servir siempre. No importa nuestra posición económica, nuestra cultura, nuestro género, nuestra religión, nuestras circunstancias. Debemos simplemente servir. No solamente que sirva el rico, también el pobre. No se mira estrato social, sino la sed y hambre de servicio que Jesús nos enseñó. Servir económica, física, social y espiritualmente es servir. A veces servimos a alguien y creemos que fue muy poco lo que le dimos; sin embargo, para esa persona hicimos un mundo. Porque el servicio no se mide con cantidades, se mide con amor. Y nunca es dar demasiado amor.

¿Te has puesto a pensar que a lo largo de nuestra vida hemos y nos han servido, y en ocasiones nos han servido más veces de las que nosotros lo hemos hecho con otros?

Recuerdo en mis años de adolescente que teníamos que hacer un trabajo de voluntariado en el colegio. Escogí realizar las horas de voluntariado en un hospital. Fue una experiencia inolvidable vivir en carne propia lo que era servicio. Pero fue más lo que aprendí y lo que me llevé de regalo en mi vida, que lo que serví. La experiencia fue tan gratificante que aunque había terminado de cumplir con las horas, me quedé ofreciendo los servicios de voluntariado. Esa experiencia me marcó el resto de mi vida. Recuerdo una mujer acabada de dar a luz y estaba con su bebé en brazos, pero sin familia, pues su esposo la había abandonado el día que se enteró que ella estaba embarazada, y no tenía ninguna otra familia. Un hombre solo que tuvo un accidente aparatoso de auto. Tenía esposa y tres hijos, pero estaba solo; hacía muchos años que su esposa y sus hijos lo habían abandonado por su alcoholismo. ¡Dios mío cuánta necesidad!

Y he ido aprendiendo que la persona a quien sirves no tiene que ser pobre para recibir ayuda. Tenemos tantas formas de ayudar y servir. Tantas que no me quedan páginas de este libro para decir de todas las formas como podemos servir.

Amigo lector, ¿has estado alguna vez en un hospital o en tu casa y alguien ha tenido que servirte? Qué bien se siente, ¿verdad? ¿Alguna vez has estado en una crisis económica y de repente alguien aparece con dinero o con una compra grande de alimentos y te la trae a la puerta de tu hogar? Cuánto amor recibimos a través del servicio. Aunque no te lo agradezca la persona a quien sirves, se siente bien, y nunca es demasiado.

Para servir no tenemos que conocer a las personas a quienes servimos, pueden ser desconocidos. Cuando servimos hacemos felices a los demás. Damos de nosotros mismos, y no lo que nos sobra. Les comparto que en mi bella isla del encanto, en mi bello país, Puerto Rico, hemos aprendido a servir desde pequeños y no solamente cuando hay una necesidad. Se nos enseña a ayudar y a servir siempre. Y si hay una necesidad, aún más. Siempre oro porque estos valores no se pierdan. Somos un país generoso de corazón.

¿Cuándo y cómo servimos? Evalúa cuánto sirves a

tu pareja, a tus hijos, nietos y sobrinos, a tus padres, a tus compañeros de trabajo, a tus vecinos. Cuánto sirves en tu trabajo, en tu comunidad, en tu iglesia, en tu escuela, en tu universidad. El mundo sería uno mejor si esta actitud de servicio la tuviéramos presente todos los días.

Te contaba que mi madre nos enseñó a dar desprendidamente; ella decía: «Da de lo que tienes y no de lo que te sobra y sirve. Sirve siempre». Nunca lo olvido. Ese espíritu de servicio, de estar disponible, de dar genuinamente de tu tiempo para los demás, eso es lo que vale. No te sientes a mirar desde lejos cómo hay tanta necesidad a tu alrededor y no hacemos nada. Cuando sirves le estás demostrando a esa persona que te importa. Es enrollarnos las mangas y decir: «Manos a la obra». Es ayudar a esa persona que necesita. No solamente es brindar dinero. Es brindar ayuda con tu tiempo, con tu esfuerzo, con tu escucha activa, con tu palabra de aliento.

Servir tiene muchas ventajas: aprendes de la persona a la que sirves, porque esta tiene tanto para darte. El agradecimiento de la persona. Sentirte bien, viendo cómo ayudaste a alguien y como esa persona mejoró gracias a tu servicio. Somos generosos. Somos empáticos colocándonos en la posición del otro. Creces personalmente y creces espiritualmente.

Y no sirvas para que Dios te lo devuelva. Sirve por amor. Desinteresadamente, aunque sí, Dios se encargará de devolvértelo con creces. Pero no lo hagas por eso. Cuando menos te lo imagines —como me sucedió una vez— aparecerá un angelito que te ayudará en tu situación y a veces no entiendes ni por qué pasó. Te comparto (no por vanagloriarme, sino para dar testimonio de cómo Dios obra con el que sirve) que hace unos años, era muy temprano en la mañana, y mientras iba conduciendo hacia mi trabajo, me percaté que más adelante, dentro de toda la congestión vehicular, había una señora con dos niños pequeñitos afuera de su auto. Me desvié hacia la derecha y bajé. A la señora se le había calentado su auto y no podía moverlo. Le indiqué que si ya había llamado a alguien para que le socorriera, a lo que me contestó que no tenía teléfono celular, pues le habían interrumpido el servicio del celular por falta de pago. Entonces, le facilité el mío y llamó a un pariente para que fuera a socorrerle. La señora me dio las gracias y me dijo que me podía ir, que ella esperaría al hermano. Pero mi intranquilidad fue más allá de prestarle el teléfono para que llamara, y no estaría en paz dejándola sola. Así que, decidí esperar a que su hermano llegara. Nos quedamos conversando. Una vez el hermano llegó, le echó agua y el auto prendió enseguida. La señora se despidió muy agradecida, me echó la bendición, me monté en mi guagua y me dirigí a mi trabajo. Ese día llegué dos horas más tarde a mi trabajo, pues fue el tiempo que tomó esperar al hermano y que ella se pudiera ir. Pero de verdad que lo hice con amor.

Un mes después, me encontraba en mi trabajo, y al salir conduciendo hacia mi casa, ¿saben qué? mi guagua vieja se averió. Tuve que estacionarme en el carril de emergencia y esperar. Me comuniqué vía telefónica con mi esposo para que fuera a socorrerme. El lugar en que se me había quedado la guagua no era muy seguro. Así que volví a montarme a esperar. En lo que esperaba, oré. De repente, se estacionó un vehículo y se bajó un caballero. De pronto me asusté y no me bajé. El caballero me dijo: «Saludos, señora, yo no se nada de vehículos, pero me quedaré a acompañarle para que usted no se quede sola, esto no es muy bueno por aquí». Yo no lo podía creer. Me dieron deseos hasta de llorar. Miré al cielo y dije: «Dios mío, me enviaste un ángel para socorrerme». Y sentí la contestación de Dios: «María, ¿recuerdas lo que hiciste hace unas semanas por aquella señora?, hoy te lo devuelvo. Lo que hiciste por una de mis hermanas, lo hiciste por mí». El caballero esperó hasta que mi esposo llegó. Le di muchas gracias, y luego se fue.

Muchas veces vemos a alguien necesitado y seguimos de largo. Puede ser un familiar, un amigo, un vecino, un compañero de trabajo. Pero ese acto de amor y de generosidad, simplemente de hacer compañía, también fue servir.

Cuánta grandeza hay cuando servimos. Que lindo y hermoso es cuando tenemos la oportunidad de ayudar a alguien. Secar sus lágrimas. Brindar apoyo. Escuchar. Ayudarle a levantarse. Eso también es servicio. Decía el Papa Francisco que debemos de tener una mirada de misericordia hacia los demás. A no actuar individualmente, sino también en comunidad. Recuerda, amigo lector, que el servicio es desprendimiento. Es respetar la dignidad del ser humano al que estás sirviendo. Es aprender a escuchar sus necesidades. Brindar amor. Tienes que prestar toda tu atención a esa persona a la que sirves. Es tu decisión servir o no.

No puedo explicarte la satisfacción de servir. Tienes que vivirlo tú. Recuerda que no me las se todas. Esa persona a la que sirves, es muy probable, que tiene mucho que ofrecerte y enseñarte. Así que manos a la obra. No tengas temor de servir; no te vas a quedar vacío por dar. Tu vida se seguirá llenando de bendiciones mientras más sirves.

Recuerda, en silencio, humildad y amor, esa es la clave del servicio.

¡Y recuerda que es un proceso unico, individual, especial, propio; así que avanza a tu tiempo, a tu ritmo, a tu velocidad; pero te invito a que te decidas y empieces ya!

## EJERCICIO 10.1.

Toma un papel y un lápiz.

Se trata de empezar a evaluarte, reflexionar, escribir y descubrirte. Haz una lista tan detallada como necesites. No hay límite.

¿Te gusta servir? ¿Qué estás realizando en tu vida hoy para servir en tu hogar, en tu trabajo, en tu iglesia, en tu comunidad?

¿Te atreves? Te invito a que comiences obras de servicio a tu alrededor. Notarás cuánto te llena de satisfacción de inmediato.

## ORACIÓN

Mi buen Jesús, mi maestro, ¡cuánto aprendo de Ti cada día! Te agradezco porque me enseñaste para yo enseñar a mi familia a servir. Gracias por tus enseñanzas. Permite, Señor, que cada día me acuerde de las bondades del servicio. Que no me vanaglorie cuando sirvo, que siga humilde de corazón. Que siempre te dé la gloria y honra a Ti. No soy yo; Tú me utilizas de instrumento.

Permite que cada lector de este libro, sienta la necesidad increíble de amarte más y de brindar nuestros talentos y ayuda al prójimo. Que descubra mi misión de servicio en esta vida, para que junto a Ti, de tu mano, podamos hacer de este un mundo mejor para nosotros y para nuestras futuras generaciones. ¡Que así sea!

# TERCERA PARTE
# Vive

# CAPÍTULO 11
# HAZ LO QUE TE APASIONA Y HAZLO CON AMOR

«Tienes que hacer algo que te apasiona, porque de lo contrario no tendrás la paciencia para llevarlo a cabo.»
Steve Jobs

«Hagan todo con amor.»
1 Corintios 16:14

Sin conocer a Steve Jobs, su frase siempre ha sido una de mis filosofías de vida. Soy fiel creyente de que debemos hacer lo que nos apasiona y hacerlo con amor. Sin importar el oficio, sin importar cuánto dinero vas a ganar, de lo contrario no vas a disfrutar lo que haces, vas a vivir amargado y harás que los que te rodean vivan igual: en tu casa, con tu familia, con tus compañeros de trabajo, con tus clientes.

Reconozco que a veces hay circunstancias económicas en la vida que nos llevan a tener un empleo en el que no hacemos lo que nos apasiona. Pero te recomiendo que, en la medida que puedas, vayas trabajando en eso, para que puedas estar en ese empleo que sí deseas porque te apasiona, te lo vives, no importa el horario, lo haces con amor y entrega.

¿Te ha sucedido, por ejemplo, que de momento visitas un doctor y la realidad es que te quedas anonadado con la actitud que tiene al atenderte? Es como si realmente no quisiera ver a nadie o con prisa para salir del paso. Y yo me pregunto entonces ¿por qué escogió esa profesión? El doctor se debe a sus pacientes, como el policía se debe a los ciudadanos, como la maestra se debe a sus estudiantes. Y que conste, en mi caso, mis doctores son los mejores del mundo. Pero he tenido experiencias en el pasado que no han sido las más adecuadas. De esto se trata. Toma un tiempo y evalúa con cuántas personas te topas en el día a día que realmente no están haciendo lo que les apasiona.

Cuando vienen jóvenes a mi oficina y me preguntan qué deben estudiar, siempre me siento con ellos a conversar un rato, y parte de las preguntas que les hago es: «¿Quieres estudiar en la universidad para esta profesión porque es lo que realmente anhelas o porque quieres complacer a tus padres?» En muchas ocasiones, ya se conoce la respuesta: porque quieren complacer a sus padres. Otra de las preguntas que les hago es: ¿Te ves trabajando en eso el resto de tu vida? ¿O quieres ser otra cosa?, ¿Te ves en esa área en la que estás estudiando? ¿Esto que quieres estudiar, realmente es lo que te apasiona?»

Es importante, por ejemplo, en el caso de los jóvenes, que esa profesión sea una en donde ellos se vean y que les apasione. No quiere decir que no puedan cambiar de profesión u oficio, claro que sí. Pero en definitiva, lo importante es que escojan hacer lo que les apasiona. De lo contrario, te garantizo, querido lector, que estarán arruinando su vida y, en muchas ocasiones, la de muchas personas a su alrededor. Es importante recordar que todo lo que hacemos con pasión nos hará sentir felices, plenos y en armonía.

Por ejemplo, te hago esta pregunta. Si trabajas de lunes a viernes y tienes libres los sábados y domingos, cuando llega el día domingo ¿ya empiezas a angustiarte porque tienes que ir el lunes a tu empresa a trabajar? Eso pudiera indicar que realmente no te apasiona el lugar donde estás trabajando, el ambiente laboral, los compañeros con los que estás trabajando o peor aún, tu jefe. Los días lunes de por sí son pesados, pero eso no quiere decir que desde el domingo ya estés angustiado y hasta de mal humor porque comienza tu jornada laboral. Es otro de los ejemplos de que debes permitirte trabajar en un lugar que te apasione y realizando unas funciones que te apasionen, en el cual te sientas pleno.

Una de las preguntas que siempre invito a las personas que se hagan es: ¿Qué me gusta tanto que pudiera realizarlo hasta sin recibir paga? Cuando te contestes esa pregunta con toda la honestidad y sinceridad del mundo hacia ti mismo, entonces habrás llegado realmente a lo que te apasiona.

Cuando una persona está apasionada con lo que realiza, no importa lo que haga, se nota a millas de distancia. Porque es una persona entusiasta, se ve feliz, motivada y siempre da lo mejor de ella. Te atiende con entusiasmo, hace su trabajo con pasión sin mirar a quién o cuándo. Y no necesariamente porque está devengando un sueldo o salario, sino porque está apasionada con lo que hace. Se le ve, lo vive. Ese entusiasmo es algo que irradia el lugar donde se encuentra.

¿Te has puesto a pensar si pudieras dedicarte a trabajar en lo que realmente te apasiona cuán feliz sería tu día a día, qué pleno y completo te sentirías? ¿Actualmente estás haciendo las cosas que te apasionan en tu trabajo, en casa, en la comunidad?

Puedes aplicar esto en cualquier faceta de tu vida, inclusive hasta en los deportes. ¿Alguna vez has mirado a padres sentados en los *bleachers*, bancos de un estadio, un parque, o una cancha de jugar baloncesto o voleibol, cómo le gritan al niño o la niña si comete algún error, cómo los obligan a ir a prácticas todos los días y a veces realmente no es ni siquiera el deporte que el niño ha escogido? Simplemente, papá quiso ser jugador pero no lo logró y ahora al tener al niño, se ve reflejado en él y quiere que logre ser pelotero famoso de grandes ligas. En ocasiones cuando le preguntas a ese niño, te dice que la realidad es que no le gusta hacer el deporte de béisbol sino que lo que le agrada es tocar guitarra.

Así que volvemos al punto de inicio de este capítulo: Aun cuando les preguntas a los niños, ellos se van identificando con deportes, instrumentos, bellas artes e idiomas.

Te invito a que hagas el ejercicio y le preguntes a niños o jóvenes que tengas cerca. Vas a ver que hay cosas que le apasionan pero otras no. Recuerdo el caso de un niño que lo que deseaba era aprender a tocar la batería; pero sus padres no estaban de acuerdo, debido al ruido que esto pudiera causarle a los vecinos, por lo que lo obligaron a que tomara clases de violín. Al cabo de varias clases, él no pudo más y dejó de asistir. No estaba haciendo lo que le apasionaba.

En otra ocasión, recuerdo a un joven adolescente que sus padres le obligaron a que estudiara medicina, porque su padre era doctor, cuando la realidad es que el joven lo que deseaba era ser chef. El joven realizó la carrera de medicina con altos honores, le entregó en la mano a su padre el diploma, ¡y se fue a cocinar!; y hoy día es un excelente chef.

Como estos ejemplos, nos topamos con muchos en nuestro día a día. Inclusive, me imagino, que conoces personas con todas estas dificultades en tu núcleo familiar, tu familia extendida, tu trabajo, tu comunidad o tu iglesia. Gente que están realizando funciones que no le apasionan, con las cuales no se sienten plenos. A ellos les digo que están perdiendo una gran oportunidad y potencial de dedicarse a lo que realmente aman y les apasiona. Para esto tienen que salir de su zona de comodidad y emprender un nuevo camino. Lo importante es que lleguen a lo que realmente les apasiona y que lo hagan con amor.

Haz tu trabajo con amor, con pasión, con corazón. Échale ganas a todo lo que hagas. Tírate con todo y tenis, esa es la clave del éxito.

¡Y recuerda que es un proceso unico, individual, especial, propio; así que avanza a tu tiempo, a tu ritmo, a tu velocidad; pero te invito a que te decidas y empieces ya!

## EJERCICIO 11.1.

Toma un papel y un lápiz. Te invito a que hagas el ejercicio de escribir al menos diez situaciones en tu vida con las que te sientes pleno, feliz y en armonía.

## EJERCICIO 11.2.

Toma papel y lápiz. Ahora escribe diez personas con las que te sientes de la misma manera.

## EJERCICIO 11.3.

Toma papel y lápiz. En la primera columna escribe ¿Con qué situaciones no te sientes pleno, feliz y en armonía? En la siguiente columna escribe ¿Qué vas a hacer para que esto mejore?

| SITUACIONES EN TU VIDA CON LAS QUE NO TE SIENTES PLENO, FELIZ Y EN ARMONIA | ¿QUÉ VAS A HACER PARA QUE ESTO MEJORE? |
|---|---|
| 1. | 1. |
| 2. | 2. |
| 3. | 3. |

# ORACIÓN

Señor, antes que nada, te doy gracias porque me permites cada día hacer lo que me apasiona y hacerlo con amor. Gracias porque lo hago con amor, entrega y pasión. Permíteme seguir ayudando a otras personas para que también ellos puedan hacer lo que les apasiona. Permite que cada persona en el mundo pueda llegar a encontrar lo que le apasione, lo que ame, lo que le llene. Tendríamos un mundo mejor. Permite, Señor, que pueda continuar haciendo mi pasión. Ayúdame siempre a hacer lo que me apasiona y a hacerlo con amor. ¡Que así sea!

# CAPÍTULO 12
# AGRADECE HOY, MAÑANA Y SIEMPRE

> «Agradece en todo cada día y
> verás el poder de dar gracias en tu vida.»
> María del C. Jurado Bequer

> «Cuán bueno, Señor, es darte gracias y entonar, oh Altísimo,
> salmos a tu nombre; proclamar tu gran amor por la mañana,
> y tu fidelidad por la noche.»
> Salmos 92:1-2

Vivo agradecida de la vida. Agradezco de mañana, de tarde y de noche. Siempre agradezco. Cuando agradecemos tenemos nuestro corazón lleno de gozo y de paz. Mi alma te alaba y tiene sed de Ti, oh, Dios todopoderoso.

Cuando me levanto en la mañana, lo primero que hago es agradecer al Señor por un nuevo día. Abro las ventanas de mi cuarto y veo el amanecer, aunque a veces aún no ha amanecido. ¡Qué grande son tus obras, oh, Dios eterno! Durante el día agradezco muchas veces, y durante la noche vuelvo y agradezco. No puedo acostarme a dormir sin agradecer. Practico la gratitud, que es esa forma de reconocimiento que una persona tiene hacia otra por un favor o algo que hizo.

¿Te has puesto a pensar que, en muchas ocasiones, como dice el refrán, sufrimos mucho por lo que nos falta y valoramos poco lo que tenemos? A veces estamos inconformes con lo que mucho o poco que tenemos y nos perdemos de las oportunidades y las maravillas de la vida, porque nos enfocamos en lo que no tenemos. He aprendido a través de los años que la gratitud se aprende, se desarrolla y se vive. La gratitud es una decisión, es una actitud. No es una emoción. Siempre debemos agradecer a Dios y a la vida. ¿Por qué esperar la celebración del Día de Acción de Gracias, una vez al año para dar gracias?

Qué triste cuando estamos rodeados de familiares, amigos o compañeros que no tienen nada por qué agradecer. Sé que es muy difícil dar gracias cuando hemos tenido circunstancias desfavorables, sobre todo de pérdidas: «¿Cómo voy a dar gracias si se murió mi madre, mi padre, mi esposa, mi hijo?», «¿Cómo voy a dar gracias si perdí mi casa, mi trabajo, mi carro?», «¿Cómo dar gracias ante tanto dolor y desesperación?»

Mi intención con este capítulo es compartirte que a pesar del dolor de la pérdida o de las circunstancias que estemos pasando, saquemos un tiempo para internalizar las bendiciones que recibimos durante todo este período con esa persona, aunque no esté físicamente en este plano contigo. Es muy difícil de trabajar, pero con apoyo de profesionales de la conducta y con ayuda espiritual se puede lograr. En la experiencia que tuve con la muerte de mi padre, trabajé duro hasta que entendí y aprendí. Entonces empecé a agradecerle a Dios, no porque se hubiera muerto mi padre, no. Agradecí por todos los años de vida y salud que le regaló para estar con nosotros y todos los años que me regaló a mí para estar junto a él. Y sí, vivo eternamente agradecida a Dios por el regalo que me obsequió.

A través de los años me he enfocado cada día en quejarme menos y agradecer más. ¡Cuánto cuesta! Es complicado porque tendemos a quejarnos de todo. Pero cuando me sucede, y me doy cuenta vuelvo y me enfoco en quejarme menos y agradezco más; y me doy terapia a mí misma. Y tengo que confesarte, que mi vida ha dado un giro radical, positivamente.

Cada día hago el ejercicio de agradecer por todo, las veces que pueda. Si me enfoco en la queja, entonces le doy poder en mi vida. Si agradezco, le doy poder a la gratitud. Se me va la energía en quejarme y no en agradecer. ¿Y qué obtengo? Más frustración, tristeza y falta de motivación. Pero cuando me enfoco en agradecer, el día toma un giro diferente. Me empiezo a sentir diferente, más feliz y a ver las situaciones desde otra perspectiva. ¿Y qué utilizo para cambiar la perspectiva? La gratitud. Agradecer en todo y enfocarme en lo que sí tengo y no en lo que me falta. Esa es la clave.

El otro día un compañero me decía: «María, ¿por qué siempre das las gracias por todo, aunque sea una tontería?» Mi respuesta fue: «No hay tonterías que no podamos agradecer. Todo cuenta. Todo vale. Aún lo pequeño, es un gesto de amor, motivo de dar gracias».

He visto y comprobado que cuando agradeces hace un efecto dominó en las personas que te rodean. Y de repente es algo que se pega, es mágico. Las personas se contagian y empiezan a agradecer también. Ponlo en práctica.

Otra de las técnicas que te regalo, amigo lector, es que cada vez que te sientas triste y desanimado, busques en tu mente y a tu alrededor, por qué cosas debes dar gracias. Toma un papel y un lápiz y escríbelas, para que las veas. Haz una lista. Verás cómo empiezas a cambiar de ánimo. Puedes estar sentado, parado, acostado, mira a tu alrededor. Y si vas conduciendo, pendiente al volante por favor, pero mira las maravillas que Dios te ha regalado. Disfruta el paisaje, la gente, la ciudad.

Otra técnica que puedes utilizar es tomar un jarrón de cristal o una lata de galletas vacía y decórala. Hazla para ti. Ponla bonita. Ese será tu Banco de Gratitud en el cual depositarás diariamente un papelito en donde escribirás una razón por la cual dar gracias hoy, y lo depositas en tu Banco de Gratitud. Los días en que no te sientas con ánimo ni para levantarte de la cama, mete la mano y saca un papelito. Eso te va a recordar las razones para vivir y para dar gracias que tú escogiste.

Además, puedes realizar un ejercicio al cual llamo 5-5. Esto es: cinco minutos en la mañana al levantarte y cinco en la noche antes de acostarte. Puedes pensar en una razón por la que darás gracias ese día, todo el día, y te la repetirás todas las veces que desees. Una frase de gratitud como: «Hoy doy gracias por mi salud». Y por la noche, puedes evaluar por qué cosas estás agradecido por el día que acabas de terminar y si lograste establecer la gratitud durante el día. Por ejemplo: «Hoy durante el día di gracias varias veces por mi salud y ahora, por la noche, quiero dar gracias porque pude terminar el proyecto que tenía en agenda».

¿Te has sentado a pensar por cuáles cosas agradeces? Te comparto alguna de las mías: por Dios, por vivir, por mi cuerpo, por mis cinco sentidos sanos, por mi salud, por mi esposo, por mis hijos, por mi madre, por el padre que tuve, por mis hermanos, por mi trabajo, por mi casa, por todo. Me ha sucedido que le pregunto a personas por qué sienten gratitud, y no tienen contestación. Se quedan en blanco.

Recuerda, querido lector, que agradecer es un hábito y un hábito es una práctica que realizamos regularmente, son conductas que repetimos. Si tomas el agradecer como hábito, se te hará más fácil implantarlo. El agradecimiento es la acción: la ejecutas. Y esta acción surge de la gratitud.

Tenemos que aprender y permitirnos dar y recibir. Es también una manera de agradecer.

La gratitud tiene el poder de transformarnos. Transformar nuestra vida y nuestro entorno. Al transformar nuestra vida, nos ayuda a fortalecer y enriquecer nuestra salud espiritual, física, emocional, social y mental lo que contribuye a trabajar en los cinco planos de la vida. Agradece la sonrisa de alguien, unos buenos días, el amanecer, el atardecer, el anochecer. Agradece el día soleado y el día de lluvia. El sol. La luna. El mar. El río. La brisa. La escacez. La abundancia. Agradece todo. Y cuando las cosas no salgan como esperabas, trabaja con esto para que agradezcas por el proceso de aprendizaje que obtuviste de esta lamentable circunstancia que te tocó vivir. Reconozco que no es fácil hacerlo. Pero sí es algo que podemos comenzar a trabajar. Aunque no lo vemos en el momento, recuerda que cómo percibas y veas las cosas, así es como lo transformas en tu mente. Ese será tu pensamiento. Es importante que entiendas que no puedes cambiar las cosas que nos suceden, pero sí decidir qué haces con lo que te sucedió y cómo respondes a eso.

Agradecer es vivir en armonía contigo, con Dios, con la vida y con todo y todos los que te rodean. Es cambiar de paradigma. Cambiar esa manera de pensar negativa y transformarla en gratitud.

Los malagradecidos no reconocen lo que hacen los demás. Cuando esto sucede, por lo general, hay muchas personas que entonces no desean ayudar al malagradecido o a veces, no quieren ni compartir con esa persona porque no agradece en nada. Esto sucede porque hay personas quienes creen que se lo merecen todo. Están acostumbrados desde niños a pedir algo y que se lo concedan enseguida. Esto trae mucha dificultad porque los que le rodean empiezan a hacerle a un lado y no quieren compartir con él. Hay que trabajar más duro con este tipo de personas.

Quiero compartirte algunas de las ventajas de ser agradecido: te sientes más feliz cuando agradeces, te esfuerzas por ayudar a los demás, deseas devolver esto que has recibido, ves la vida de una manera positiva, tienes mayor satisfacción en la vida, reconoces lo que el Señor ha hecho en tu vida y te ayuda a mantener relaciones sociales saludables.

El que agradece se detiene a darle gracias a Dios, a la vida, por todo lo que tenemos y se nos ha dado. Es valorar todo lo que tenemos por pequeño que sea, y no dar las cosas por sentado. Yo doy gracias todos los días porque veo, escucho, huelo, saboreo y puedo tocar y sentir. No es por sentado. Lo tengo hoy gracias a Dios, pero puede que un día no lo tenga y nunca vea ese tipo de cosas.

Se ha comprobado que cuando desarrollamos pensamientos de gratitud, nuestro cerebro libera hormonas, neurotransmisores, químicos naturales. Estos ayudan al cerebro a comprender, evaluar y comunicar lo que se está experimentando. Como la dopamina (la hormona del bienestar), que juega un papel muy importante en el sentimiento de alegría, placer y recompensa y la oxitocina (la hormona del amor), promueve la interacción social y te ayuda a sentir emociones positivas. Estas estimulan sensaciones de alegría y tranquilidad, reduciendo de esta manera la ansiedad, el estrés y la ira, entre otros. Practica desarrollar la gratitud.

¡Y recuerda que es un proceso unico, individual, especial, propio; así que avanza a tu tiempo, a tu ritmo, a tu velocidad; pero te invito a que te decidas y empieces ya!

## EJERCICIO 12.1.

Toma un papel y un lápiz.
Se trata de empezar a evaluarte, reflexionar, escribir y descubrirte. Haz una lista tan detallada como necesites. No hay límite.

¿Te gusta ser agradecido?, ¿por qué? ¿Por qué cosas agradeces? ¿Por quiénes agradeces? ¿Con cuánta frecuencia agradeces?

## ORACIÓN

Señor, mi alma te alaba y agradece todo lo que me brindas cada día. Mi vida entera te agradece. Gracias por lo que soy. Gracias por mi vida. Gracias por mi familia, mi salud, mi trabajo, mi hogar, mi iglesia, mis alimentos, mi ropa, mi techo, mis amigos, mi profesión, por todo lo que me rodea. Enséñame a vivir con gratitud y a ser humilde. Enséñame a agradecer en lo mucho y en lo poco. Gracias, Señor, por las enseñanzas que me das cada día para no olvidar ser agradecido. Gracias, porque al enseñarme, valoro más lo que tengo cada día. Gracias por permitirme mostrarles a otras personas el poder de la gratitud. Gracias por mis talentos y mis dones y por permitirme ponerlos a disposición de mi prójimo. Gracias por este día.

Permite, Señor, que practique el don de la gratitud para que vea cambios en mi vida. Para que empiece a experimentar la belleza interna de la gratitud en mi vida. Para que reconozca en lo mucho y en lo poco, Tu eterno e infinito amor. Gracias, Señor. ¡Que así sea!

# CAPÍTULO 13
# SACA TIEMPO PARA TI, CONTIGO ¡RESPIRA!

> «No hay mayor técnica de auto cuidado
> que invertir tiempo de calidad en ti.»
> María del C. Jurado Bequer

> «Vengan a mí todos los que están cansados y agobiados,
> y yo les daré descanso.»
> Mateo 11: 28

Quiero dedicar este capítulo a mis cuatro hijos. ¡Cuánto me han enseñado a sacar tiempo para mí! Les confieso que han sido mis maestros. Cuánto admiro a esta generación que sí aprendieron desde pequeños a sacar tiempo para ellos, desde temprana edad. Me han enseñado a sacar tiempo para mí, y a permitirles tener tiempo para ellos. Los bendigo.

¿Por qué al pensar en invertir bien el tiempo solamente pensamos en trabajar y no en invertir un tiempo para nosotros? Al igual que invertimos tiempo en otros, es importante invertirlo en nosotros haciendo lo que nos gusta o simplemente no haciendo nada y permitiendo que la mente y cuerpo reposen y descansen de la vorágine en la que vivimos día a día. «Mientras más cosas haga más productivo soy», ¡nada más lejos de la verdad!

Te comparto, querido lector, que gracias a Dios aprendí a sacar tiempo para mí, conmigo. Pero no creas que fue desde joven, ¡no! Pero lo importante, lo realmente importante, es que lo logré, después de pelear conmigo, después de intentarlo y fallar una y mil veces ¡Lo logré!

¿Alguna vez te ha pasado que tomas tiempo para ti y te sientes culpable por todas las cosas que has dejado de hacer y piensas: «¡Y yo perdiendo este valioso tiempo con todo lo que tengo pendiente por hacer!»? En este capítulo te comparto cómo cambiar tu manera de pensar para que puedas trabajar con esto. Sacar tiempo para mí no es ser egoísta. Sí, lo leíste bien. No es ser egoísta. Y que conste que sigo siendo entregada al prójimo y servicial. La única diferencia es que aprendí a valorarme, cuidarme, respetarme y a sacar tiempo para mí y no sentirme culpable por hacerlo.

¡Es importante que dentro de tu vida tan ajetreada saques tiempo para ti! Tiempo de calidad contigo. No se trata de muchas horas al día o a la semana. Se trata de que el tiempo que logres obtener para ti, sea de calidad. Calidad sin teléfonos celulares ni equipos electrónicos. Sin interrupciones. Tiempo que de verdad valga la pena. Que tengas toda tu atención para ti.

Cada día tiene 24 horas y la semana tiene siete días. Si realizamos una multiplicación tenemos un total de 168 horas semanales. Dime, amigo lector, casi te leo la mente que de esas 168 horas semanales no tienes tiempo para ti. Te comparto, yo también estuve ahí y contestaba lo mismo. Ahora es importante que evalúes: de estas 168 horas semanales ¿cuántas horas dedicas a ti? Quiero que medites y reflexiones sobre esto. Puedo entender que tengas muchas responsabilidades en tu trabajo, en tu hogar, los niños, tus padres, tu pareja, tu comunidad, tu iglesia, tu deporte. Todas son importantes, pero no hay nada más importante que tú. Solamente Dios.

Siempre digo: Si tú estás bien, todo lo que te rodea va a estar bien. Pero si no estás bien, no puede estar bien lo que te rodea. Recuérdalo.

Es increíble ver personas que no saben y no pueden estar a solas con ellas mismas. Aunque saquen el tiempo, no disfrutan estar a solas. En ocasiones, no puede realizar ninguna actividad que le agrade porque no sabe realizarlo a solas.

Reconozco que casi siempre no nos enseñan en casa a sacar tiempo para nosotros mismos, porque siempre tenemos que estar en compañía o haciendo algo. Sin embargo, estando a solas es que aprendemos más de nosotros. Aprendemos a conocernos, a encontrarnos, a mirarnos, a escucharnos y amarnos. A disfrutar ese tiempo conmigo. Recuerdo cuando no sacaba tiempo para mí. ¿Qué aprendí? Que definitivamente, la vida no opera igual. Cuando estoy todo el tiempo maquinando en mi mente y pensando, me sobrecargo, me angustio, me preocupo, me causa estrés. Mi mente no para porque sabe que tengo algo pendiente. Y cuando esto sucede, amigo lector, el cuerpo va liberando hormonas como el cortisol y la adrenalina (epinefrina). Cuando estas hormonas están a menudo activadas, afectan el cuerpo y hasta la manera de pensar. Nos agotamos física, emocional y mentalmente.

Al sentirme culpable por tomar un descanso y no hacer algo productivo y que valga la pena, empezamos a sentir presión y aumenta el estrés. Y nuestro amigo el cerebro interpreta esta culpabilidad como que hay una amenaza, un peligro que tenemos que enfrentar. Es en ese momento que las hormonas neurotransmisores, adrenalina y cortisol, preparan al cuerpo para enfrentarse a esa situación de peligro. Y de un brinco la adrenalina aumenta la tensión arterial, tu frecuencia cardíaca (taquicardia), contrae las vías aéreas y los vasos sanguíneos, y el cortisol, que es la hormona del estrés, el cuerpo la produce en situaciones de emergencia para enfrentarnos a estas situaciones. Ese cortisol en exceso puede causar infarto, enfermedades crónicas del corazón y problemas cerebro vasculares. Así que te recomiendo que tomes esto en serio y te des permiso para sacar tiempo para ti y no sentirte culpable. Respira.

En muchas ocasiones es más difícil de llevar a cabo si tenemos miedo a sacar tiempo para nosotros. Sobre todo, como he escuchado, si en tu niñez a veces tus padres o abuelos pasaban y te veían sentado sin hacer nada y te decían: «El tiempo es oro, levántate y ponte hacer algo, no seas vago», «El tiempo perdido hasta los muertos lo lloran». ¡Dios mío, cuánta presión! ¿Por qué tenemos que estar haciendo algo siempre? Sí, ya sé, porque tenemos que ser productivos, porque todo tiene que ser para ahora, porque todo tiene que ser rápido. ¡Basta ya. Tienes que parar y respirar!

Nos causa mucha ansiedad querer cumplir con todo y con todos, menos con nosotros. ¡Cuánta presión nos metemos! Pero, cuidado, recuerda que el cuerpo es sabio y nos pasa factura cuando no sacamos tiempo para nosotros mismos.

En ocasiones, nos da un *shut down* físico y mental, cansancio excesivo, irritabilidad, alteraciones del sueño y la alimentación.

Siempre tenemos que sacar tiempo para llevar a cabo los quehaceres en el hogar: lavar la ropa, fregar, cocinar, atender a los niños, a los padres; y casi nunca sacamos tiempo para nosotros, sobre todo, porque anteponemos las necesidades y el tiempo de los demás por encima del nuestro. Respetemos nuestro tiempo y el de los demás.

Tu vida va a dar un gran giro positivamente tan pronto logres internalizar, procesar e instituir como una regla dorada, de que cada día debes de disponer de tiempo para ti.

Ese tiempo valioso para ti, no hay dinero que lo compre o lo pague. Tiene que ser un tiempo sagrado.

Amigo lector, si no respetas el tiempo contigo, nadie lo va a respetar, te lo garantizo. Recuerda que el sacar tiempo para ti te va a brindar equilibrio y balance en tu vida.

Sacar tiempo para ti a solas es una excelente técnica de autocuidado. De las mejores. Te brindo algunos ejemplos: ejercicio, descanso, buena alimentación, tiempo de ocio, diversión, escuchar música, leer, meditar, caminar en la playa o por la naturaleza, dar un paseo, cocinar, hacer yoga, pintar, tocar guitarra, coser, arreglar el carro, desconectarte de los electrónicos, conectarte con Dios, ¡en fin! Mejora tu calidad de vida.

Cuánto disfruto estar sentada en mi sofá en las tardes o en las noches, y leer un buen libro, escuchar música; o sentarme en el balcón de mi casa y poder disfrutar de un precioso día de sol o de una tarde lluviosa como la que estoy contemplando hoy. Para mí, no hay dinero en el mundo que pueda comprar estos momentos. Escuchar una bella melodía de los pájaros que trinan en mi jardín, orar mirando la naturaleza o leerme un buen libro, eso es tiempo de calidad conmigo. Cuando evalúas qué es tiempo de calidad para ti, recuerda que no necesariamente tiene que coincidir con el mismo tiempo de calidad para tus hijos, para tu pareja, para tus padres, etc. Son tiempos de calidad diferentes, independientes unos de otros.

En ocasiones, lo que es tiempo de calidad para mí, otros lo verían como perder el tiempo. Por ejemplo, me ha sucedido que me han dicho: «¿Pierdes tiempo leyendo un libro o escuchando un podcast?» Pero disfruto estas actividades y son tiempo de calidad para mí. Y eso es lo importante.

Lo importante es que tomes algún momento del día y lo saques, lo inviertas en ti y te lo regales. En muy poco tiempo, te lo garantizo, verás los resultados de inmediato. Invertir tiempo en ti es pensar sabiamente. Es un acto de amor. Es respetarte. Exígete tiempo de calidad contigo, al igual que sacas tiempo para comer, dormir, bañarte. No tienes que esperar a que sea viernes o fin de semana para sacar ese tiempo. Ponlo en agenda, igual que separas tiempo para las demás personas y para otras cosas, escríbelo y cumple esa promesa contigo. Conéctate contigo.

Y otro de los logros de sacar tiempo para ti es que mejora tu autoestima, tu salud física, mental, espiritual y emocional, mejora tu concentración, tu capacidad de enfocarte, disminuye el estrés. ¡Mejoras en todo!

Esta técnica que te regalo hoy te va a ayudar a potenciar lo mejor de ti y a distribuir el tiempo de tal manera que al menos 30 minutos al día puedas utilizarlo en beneficio tuyo. No tienen que ser 30 minutos consecutivos. Ojalá sí lo sea, pero no es estrictamente necesario. Puedes disponer por ejemplo, de quince minutos en la mañana y quince en la tarde. Reserva ese tiempo para ti y escríbelo y sepáralo en tu agenda diaria.

¡Y recuerda que es un proceso unico, individual, especial, propio; así que avanza a tu tiempo, a tu ritmo, a tu velocidad; pero te invito a que te decidas y empieces ya!

## EJERCICIO 13.1.

Toma un papel y un lápiz.

Hoy quiero compartirte varias técnicas que te pueden ayudar. La más importante, y por eso la primera, es que establezcas una agenda, un horario de 24 horas, por día (con el ejemplo de una semana). Escribe los siete días y 24 horas de cada día. Usa una semana de ejemplo para empezar.

Escribe cuánto tiempo le dedicas a cada una de las funciones que realizas a diario, de lunes a domingo. Establece un tiempo fijo cada día para ti. Anótalo. Te sorprenderás de los cambios positivos en tu vida.

## EJERCICIO 13.2.

Toma un papel y un lápiz. Quiero que hagas tres columnas. En la primera escribe una lista de ¿Qué cosas o actividades en tu vida identificas que quisieras hacer en tu tiempo a solas?. En la siguiente columna escribe ¿Qué te está impidiendo hacer cada una?. En la tercera escribe ¿Qué vas a hacer a partir de ahora para lograrlo?.

| ¿QUÉ COSAS O ACTIVIDADES EN TU VIDA IDENTIFICAS QUE QUISIERAS HACER EN TU TIEMPO A SOLAS? | ¿QUÉ TE ESTÁ IMPIDIENDO HACER CADA UNA? | ¿QUÉ VAS A EMPEZAR A HACER A PARTIR DE AHORA PARA LOGRARLO? |
|---|---|---|
| 1. | 1. | 1. |
| 2. | 2. | 2. |
| 3. | 3. | 3. |

# ORACIÓN

Señor, que cada día que amanece, me permitas lograr realizar mi sueño, mi encomienda, de cuidar de mí. Permíteme sacar ese espacio de tiempo para mí, sin descuidar mis otras responsabilidades. Ayúdame a distribuir mi agenda con sabiduría para que cada día saque tiempo para mí. Permíteme comenzar y terminar mi día de Tu mano. Que aunque no tenga tiempo para mí o para más nada, sí tenga el tiempo para alabarte y para orar junto a Ti. Enséñame, Señor, que si manejo bien mi agenda podré siempre sacar ese espacio tan necesario para mí. Guíame para estar bien y dar lo mejor de mí, para mí, y en todos los roles que ocupo cada día. Gracias por estar a mi lado. Junto a ti las horas del día son más llevaderas y no hay obstáculo que no pueda superar. Gracias por siempre dedicarme tiempo y estar ahí, disponible para mí siempre. En ti confío. ¡Que así sea!

# CAPÍTULO 14
# ESTABLECE PRIORIDADES EN TU VIDA

«Para cambiar tu vida necesitas cambiar tus prioridades.»
Mark Twain

«Enséñanos a pensar cómo vivir,
para que nuestra mente se llene de sabiduría.»
Salmos 90:12

Me gustaría comenzar preguntándote si has sacado un tiempo para reflexionar y has analizado ¿Cuáles son tus prioridades en la vida?. Cuando doy talleres sobre este tema comienzo haciendo esa pregunta. Para empezar, quiero establecer la diferencia de lo que es urgente versus lo que es importante y qué es prioridad. Y la pregunta obligada es: ¿prioridad para quién? La contestación espero que haya sido para ti. Porque si no es para ti, entonces se complica más la situación, pero te brindaré las claves para lograr que sean prioridades en tu vida.

Por ejemplo, una cosa es que te soliciten algún proyecto en tu trabajo que sea prioridad y otra cosa es que todo sea prioridad en tu trabajo. O peor aún, que todo en tu vida lo clasifiques como prioridad. Y vives la vida bajo el síndrome de bombero, apagando fuego todo el tiempo; y la única prioridad para ti, la única más importante que existe en este planeta, debe ser Dios. Luego tú. Luego lo demás.

Si trabajas con estas prioridades, todas las demás cosas vendrán por añadidura. Dios debe ser el número uno en tu vida. Luego, tu prioridad eres tú. Y no, no es egoísta pensar así.

Pero ¿qué es prioridad? Son cosas o actividades que las consideramos las más importantes sobre otras. Por ejemplo, puede haber dos actividades importantes pero una actividad o tarea "A", está sobre la actividad "B"; pues esta "A" que está sobre la otra, es la que tiene prioridad. Y esto que tiene prioridad es primero, en comparación con otras personas o cosas. Va por encima de lo pendiente. Se trata de lo que pones primero.

Por otro lado, tus metas son resultados que deseas lograr, son importantes pero, por lo regular, son a más largo plazo. Como por ejemplo, establecer un negocio propio es una meta, y trabajas dando pasos (tus prioridades) para alcanzarla.

**Ahora vamos a diferenciar lo urgente de lo importante.** Lo urgente es aquello que tengo que atender con prontitud, de inmediato, porque es necesario que lo realices ya. Tiene una fecha límite y está próxima a vencer. No hacerlo podría conllevar consecuencias no favorables. Requieren toda tu atención. Por ejemplo: entregar el proyecto que te solicitaron a tiempo, devolver la llamada a tu jefe, hacerte el estudio que te pidió el médico.

Mientras que lo importante es lo que te interesa, por lo regular son tareas a largo plazo. Te dirigen a tu objetivo. No necesariamente tienen fecha límite. Por ejemplo: recoger todas las gavetas y el closet de tu cuarto para organizarlas y sacar la ropa con la que te quieres quedar y regalar la que no te sirve. Esta tarea no tienes que hacerla hoy. Sí puedes ponerle fecha, pero no tiene que ser para hoy, por lo que no es urgente. No hacerla no va a causar situaciones desfavorables para ti.

**Siempre recomiendo que te preguntes:** ¿Qué pasaría si no hiciera esta tarea en este tiempo o ahora?, ¿qué consecuencias traería? Estas dos preguntas bien contestadas te van a guiar. No olvides que una tarea puede ser importante, pero no necesariamente urgente. Y otra tarea nos puede parecer ahora importante y de momento convertirse en urgente.

Amigo lector, recuerda a la hora de establecer prioridades debes de tener en cuenta como primera selección lo importante versus lo urgente. A menos que las consecuencias de no hacer lo urgente sean desbastadoras para ti.

Practico muchísimo el realizar listas, y luego las separo por orden de prioridad. Siempre recomiendo que tengas una pequeña libreta en tu cartera o en tu propio dispositivo electrónico con la lista de asuntos pendientes. Esto te ayudará a enmendar según las situaciones que surjan. Igualmente, la puedes preparar todos los domingos para planificarte y colocar en orden de prioridad las actividades de tu semana.

El primer ejercicio que debes de hacer es escribir todas las cosas que tienes pendientes por realizar, sin importar el orden de prioridad. Una vez concluida, al lado comienza a priorizarlas de acuerdo a la importancia que tienen en tu vida. Este hábito lo puedes establecer para tu casa, para tu familia, para tu trabajo y donde quiera que estés participando. Recuerda que una cosa es importante y otra cosa es urgente. Se honesto y realista contigo mismo. Establece las prioridades de acuerdo a los resultados que estás esperando y recuerda que toda tarea requiere esfuerzo. No olvides esto para que se te haga más fácil poderlo manejar.

Otro de los ejercicios que debes de utilizar es revisar diariamente esa lista que preparaste. Yo sugiero siempre revisarla antes de irte a acostar para que puedas planificar tu siguiente día. Así, al levantarte al siguiente día ya estás organizado y sabes de todas esas tareas cuáles tienen prioridad para el siguiente día. Recuerda también que debes de ser flexible con tu lista de prioridades ya que siempre surgen cosas o situaciones que no están en tu control y en ocasiones tienes que interrumpirlas o hasta posponerlas. Claro esto debe ser una excepción y no la norma.

Como te había comentado anteriormente, realiza una sola lista. Cuando tenemos diferentes listas, tenemos poco manejo del tiempo y de nuestras prioridades. Recuerda que al establecer solamente una lista, se te hace más ágil y fácil manejarla, ya que tendrás todas tus tareas por orden de prioridad, no importa si son laborales, personales, comunitarias, familiares, etc.

No se trata de llenar tus días y tu agenda de actividades para estar ocupado todo el tiempo, pensando que todo es prioridad. Parte del éxito de esta lista está en establecer fechas y plazos. Esto te ayudará a lograr organizarte y ver los resultados de inmediato. Un gran ejemplo es ¿Cuánta prioridad tiene en tu vida el que estés la mayor parte del tiempo viendo las redes sociales desde tu teléfono inteligente o dispositivo electrónico? ¿Te has puesto a analizar cuánto tiempo de tu día dedicas o inviertes en esta tarea?, ¿es esto prioridad en tu vida? De la única manera que vas a ayudarte a establecer prioridades en tu vida es que definas a qué le quieres dar valor. Este ejercicio de reflexión es el que te ayudará a establecer tus prioridades.

Cuando colocas tu agenda y tus actividades por orden de prioridad recuerda que tienes que tomar decisiones en tu vida de qué cosas o tareas van a tener prioridad o no. Al elegir y tomar decisiones de qué cosas serán prioridades, recuerda que deberás dejar otras actividades a un lado, no por ser menos importantes, pero sí porque no son prioridad en este momento. Lamentablemente, al establecer prioridades, querido lector, también dejas personas a un lado. No porque no sean importantes, sino porque tal vez no te ayudan en tu camino para alcanzar tus metas. Recuerda que lo que es prioridad para otros, no necesariamente tiene que ser para ti. Y lo que es prioridad para ti, no necesariamente es para otros. Así que, si tienes que mantener o dejar a personas a un lado, porque no te suman, no añaden a tu vida, tienes que estar preparado para ello. Es un gran desafío.

Recuerda que las cosas y actividades que tienes pendientes requieren mucha energía, concentración y a veces sacrificios de tiempo, por eso es importante que priorices tus actividades conscientemente. No todo puede ser prioridad. Y al creer que todo es prioridad nos da estrés, nos desconcentramos, nos desenfocamos, aumenta la ansiedad, nos da miedo de no cumplir, nos metemos presión. Cuando estableces prioridades recuerda debes comenzar por organizar tu vida. Como te mencioné, hay actividades urgentes, otras importantes y a veces, otras que no lo son y debes dejarlas ir, pero ese ejercicio debes realizarlo solamente tú. Con consciencia.

Al principio de este capítulo te preguntaba: ¿prioridad para quién? Porque tenemos muchas personas a nuestro alrededor que deciden cuáles son las prioridades en tu vida y coordinan actividades o trabajos contando contigo, con tu tiempo y con tu energía. Quizás estas actividades son importantes para esa persona, pero ¿son prioridad para ti? Debes estar atento a estas señales para que no te cargues de tareas que no sean prioridades en tu vida. A veces, esto también consume mucho de tu tiempo y al final, te das cuenta de que no eran prioridad para ti y te frustras. Esto debes trabajarlo porque también va socavando tu autoestima, sobre todo cuando las prioridades de los demás van por encima de las tuyas. Y créeme, esto sucede muy a menudo. Recuerda que las prioridades de tu vida las organizas tú. Tú decides el orden en tu lista de prioridades. Recapacita: el establecer prioridades en todos los planos de tu vida (ver Capítulo 1), te ayuda a mantener balance y equilibrio. Al priorizar te evitas contratiempos, ahorras energía y te concentras en lo que realmente deseas establecer en tu vida. Preparar la lista es extremadamente importante, pero no lo es todo. Necesitas poner esto en práctica para que inclusive, sin tener papel y lápiz a la mano, sin tener la lista, hayas desarrollado la técnica de ir definiendo qué cosas según se te van presentando en el día a día, son prioridad en tu vida y cuáles no. La práctica hace la perfección.

Te comparto sugerencias y ejemplos de prioridades en tu vida para que puedas comenzar a hacer tu lista: leer la Biblia todos los días, ser feliz, cuidar mi salud física, mental y espiritual, dormir bien, hacer ejercicio, comer sano, dedicarme más tiempo a diario, dedicar más tiempo a la pareja, dedicar más tiempo a la familia, ir al campo o a la playa una vez por semana, no acostarme sin leer, ¡en fin!

Si el ejemplo que tomas es bajar de peso, tus prioridades deben ser: comer saludable y hacer ejercicio con regularidad. De eso se trata. ¿Ves que sí puedes hacer tu lista de prioridades?

Es importante recalcar que tus prioridades pueden cambiar de un tiempo a otro por muchas circunstancias, sobre todo, porque hayas reorganizado tu lista de prioridades por situaciones internas o externas. Recuerda que para poder llegar a tener la vida que queremos, tenemos que aprender a establecer las prioridades que necesitamos.

¡Y recuerda que es un proceso unico, individual, especial, propio; así que avanza a tu tiempo, a tu ritmo, a tu velocidad; pero te invito a que te decidas y empieces ya!

## EJERCICIO 14.2.

Toma un papel y un lápiz.

Se trata de empezar a evaluarte, reflexionar, escribir y descubrirte. Contesta estas preguntas por separado. Hazlo tipo lista. Se te hará más fácil.

14.1.1 ¿Qué cosas son importantes hoy en mi vida?
14.1.2 ¿A qué cosas o actividades quiero brindarle prioridad?
14.1.3 ¿Qué cosas me mantienen estancado para lograr mis metas?
14.1.4 ¿Qué voy hacer para moverme de dónde estoy y darle prioridad?

## ORACIÓN

Mi Señor, Tú eres mi prioridad desde que te conocí. Permíteme que siempre sea así. Permíteme seguir sirviéndote. Y si por algún motivo me olvido de este pacto, perdóname y vuelve a mostrarme el camino. Tú tocaste a mi puerta y te dejé entrar. Permite que descubra la paz y la verdad que hay en Ti, en Tu amor incondicional. Que seas la prioridad para todo ser humano que vive sobre la faz de la Tierra. Permíteme también, Señor, que yo sea mi prioridad. He aprendido que si yo soy mi prioridad, voy a estar bien, voy a estar mejor cada día y serviré mejor a mi prójimo. Permite también, Señor, que mis prioridades sean las prioridades que tienes programadas para mi vida. Quiero hacer Tu voluntad. No permitas que me salga o me aleje de tus caminos, de tus prioridades para mí. ¡Que así sea!

# CAPÍTULO 15
## DEJA HUELLAS DIGNAS DE SEGUIR POR DONDEQUIERA QUE VAYAS

«Cuando tienes la oportunidad de mejorar cualquier situación, y no lo haces, estás malgastando tu tiempo en la Tierra.»
Roberto Clemente

«Mis pies han seguido sus pisadas; guardé su camino, y no me aparté.»
Job 23:11

¿Qué son huellas? Son marcas que dejan los pies del ser humano o animal cuando pasa por la tierra. Es esa influencia o impresión que deja una persona tras su contacto con alguien. Se trata de esas acciones que llevas a cabo que aporten a la sociedad.

El último capítulo de este libro. Definitivamente quiero dedicarlo a mi padre. A mi héroe que tantas huellas dejó en mí. Mi padre fue el viejo, mi amigo, mi hermano, pa. El mejor ejemplo de hombre que pude tener, después de Jesús, aquí en la Tierra. Siempre digo que rompieron el molde cuando mi abuela lo tuvo, y, aunque mi padre tuvo otros hermanos más pequeños, a quienes amo y adoro, no hay otro como él. Todos los días doy gracias a Dios por el padre que tuve. Lo bueno, lo magnífico, lo espectacular, es que todo esto ya se lo decía, así que, aunque lo estoy plasmando ahora en un papel, fue un tipazo de papá, de hermano, de hijo, de esposo, de tío, de amigo, de vecino, de ciudadano. Pero fue humano, imperfecto, pecador. Sin embargo, aun siendo humano, dejó huellas en todas las personas que fuimos privilegiados de conocerle. Y de esto se trata, de que en tu largo caminar, vayas dejando huellas. Todo ser humano, no importa quién sea, ni donde viva, de dónde viene y a dónde va, debe dejar huellas. Y huellas profundas en la gente que le rodea. Me encantaba de niña cuando mi padre nos llevaba a mí y a mis tres hermanos a la playa y jugábamos con la arena y caminábamos por la orilla de la playa sobre la arena mojada. Ahí miraba mis pisadas hundidas en la arena húmeda y las pisadas de papi, al lado o al frente de las mías. Las miraba y pensaba en mi mente: «Que pie tan grande tiene papi y que pie tan pequeño tengo yo. ¿Algún día mis huellas serán así de grandes?» En mi capacidad de niña veía el momento como uno muy lejano. Sin embargo, el tiempo transcurre, el cuerpo va creciendo y las pisadas también. Y un día, recordé este evento de la playa con mi papá.

Ya adulta, caminando en la playa, vi a mis hijos pequeños caminando detrás de mí, metiendo sus piececitos dentro de mi huella tan grande. ¡Qué cosas más grandes tiene la vida! Y ese día, con más ahínco que nunca, me detuve y pensé: «Definitivamente tengo que dejar huellas y no en la arena para que se las lleve el mar, tengo que dejar huellas en la vida de mis hijos. Huellas positivas en ellos. Huellas en sus corazones y en sus pensamientos. Pero también tengo que dejar huellas en todo ser humano que yo tenga la oportunidad de tocar de alguna manera de forma positiva».

Huellas lindas, coloridas, de paz, de enseñanza, de alegrías, de meditación, de oración. Huellas para seguir. En algún momento tú y yo dejamos caminos recorridos que otros seguirán. Tú vas abriendo caminos y tus hijos seguirán tus pisadas, y luego ellos forjarán su propio camino y dejarán sus propias huellas. Procura que en tu vida las huellas sean dignas de seguir para las próximas generaciones. Recuerda que si pasamos por la vida sin dejar huellas es como si nuestra existencia hubiera sido en vano. Dejar huellas es aportar algo bueno de ti a la sociedad, a tu familia, a tu comunidad, a tu iglesia, a tu país. Dando lo mejor de ti todos los días es como vas dejando huellas. Ese día que dijiste en el ascensor de tu trabajo: «Muy buenos días a todos» y nadie te contestó, dejaste huellas. Ese día que ayudaste a un anciano a bajar de su auto, dejaste huellas. Ese día que compartiste tu pan con el vagabundo en la calle, dejaste huellas. Toda buena acción que nace de nuestro corazón va dejando huellas por el camino.

Atrás vendrán personas que copiarán tu ejemplo y seguirán tus huellas. Hazlo de corazón, con voluntad y sin esperar nada a cambio. Con una sola persona que toques cada día y le transmitas tus huellas, ya has hecho cambios en nuestro mundo. Muy probable, le cambiaste el día a esa persona de una manera positiva. No importa tu clase social, no importa tu religión, no importa tu género. Si eres capaz de tocar a una persona cada día, ya estás dejando huellas con tus palabras, con tus actitudes, con tu ejemplo, con la forma en que actúas. Las personas que dejan huellas son digno ejemplo de emular. Son personas que brindan luz en el camino, aun cuando la vida esté en oscuridad.

Tu seguirás tu propio camino y seguirás dejando huellas, pero pregúntate: ¿Qué tipo de huellas quiero dejar? ¿Qué ejemplo puedo brindar de mi comportamiento a los que me rodean? ¿Cómo quiero que me recuerden cuando ya no esté en este plano terrenal?

**Camina dejando huellas.**
¿Recuerdas qué personas en tu vida han dejado huellas? ¿Qué huellas dejaron en ti? Te quiero compartir que es una pregunta que me hago a diario: ¿Esta huella que voy dejando es digna de emular? Recuerda que aunque vas por la vida relacionándote con diferentes personas, no todas las personas dejan huellas en ti.

### ¿Qué necesitas para dejar huellas?

No es solamente ir caminando por la vida y ya. Es trabajar duro y dejar huellas: con bondad, con amor, con entereza. Que tus acciones hablen más que mil palabras. Que seas digno de emular con tu ejemplo en dondequiera que te encuentres. Que seas auténtico. Que tu caminar en la vida sea uno en el que genuinamente trabajes para dar, para ofrecer, para servir, para florecer. Pero lo más importante es que vayas planificando tus huellas y lo que quieres ir dejando en tu camino.

Siempre me esmero para que en mi camino vaya dejando huellas. Y ahora, en mi presente, quiero, seguir haciéndolo. Que este libro deje huellas en cada persona que lo lea. Huellas que permitan reflexión, análisis, introspección, crecimiento, cambios. Quiero dar siempre lo mejor de mí y sentirme contenta, feliz y realizada con lo que he aportado en esta vida y con lo que puedo seguir aportando.

¡Y recuerda que es un proceso unico, individual, especial, propio; así que avanza a tu tiempo, a tu ritmo, a tu velocidad; pero te invito a que te decidas y empieces ya!

# EJERCICIO 15.1.

Haz una lista de las huellas que estás dejando por tu camino. Divídelas en categorías según consideres.

## HUELLAS QUE VOY DEJANDO POR MI CAMINO

| A MI FAMILIA | A MI PAREJA | A MIS COMPAÑEROS DE TRABAJO | A MI COMUNIDAD | EN LOS DEPORTES | EN MI IGLESIA | A MIS VECINOS | A MI PAÍS |
|---|---|---|---|---|---|---|---|
| 1. | 1. | 1. | 1. | 1. | 1. | 1. | 1. |
| 2. | 2. | 2. | 2. | 2. | 2. | 2. | 2. |
| 3. | 3. | 3. | 3. | 3. | 3. | 3. | 3. |

# EJERCICIO 15.2.

Haz una lista. ¿Qué otras huellas quieres dejar?

# ORACIÓN

Maestro, quiero seguir tus huellas. Quiero seguirte. Muéstrame tu camino. Enséñame a ir por la vida dejando huellas, como lo haces tú. Quiero imitarte. Quiero descubrir cuántas acciones positivas tengo para brindarle al mundo. Dirígeme. Que aprenda de Ti como modelo a seguir. Ilústrame. Enséñame también qué huellas no debo dejar en mi camino, ya que no son adecuadas. Ayúdame a discernir sobre qué acciones debo seguir desarrollando en mi vida para que se conviertan en huellas positivas. Que pueda seguir construyendo un país mejor y un mundo mejor con mis huellas. Que cuando me vaya de este plano terrenal haya puesto mi mano y mis huellas para dejar un mundo mejor que el que encontré mientas transcurrí por la vida. Ayúdame para que sea un vehículo de cambio para que estas personas puedan ir dejando huellas positivas. ¡Que así sea!

# NOTAS

# NOTAS

## ACERCA DE LA AUTORA

María del C. Jurado Bequer nació en Puerto Rico en donde reside con su familia. Es conferenciante, psicóloga, terapeuta de familias y parejas, capellana y tanatóloga. Esposa y madre de cuatro hijos. Posee un bachillerato en biología, una maestría en relaciones laborales y otra en psicología con concentración en consejería. Trabajó por más de trece años en empresas privadas sin fines de lucro; lleva más de doce años como psicóloga y terapeuta de familias y parejas y tiene 30 años de servicio en empresas públicas.

Es amante de su familia, sus amigos, de la naturaleza y del mar, pero, sobre todo, de Dios. Sus estudios, certificaciones profesionales, años de experiencia trabajando con el ser humano y su sensibilidad y entrega le han permitido aprender de los procesos de la vida, algunos dolorosos, otros no tanto; pero de todos, ha sabido obtener el aprendizaje que comparte en este libro de crecimiento personal-espiritual. A su vez, estos conocimientos y experiencias le han permitido brindar apoyo a muchas personas por medio de su organización Armonía, un centro psicológico y educativo integral donde provee alivio, ayuda emocional y espiritual.

Ella es estudiante de la *Academia Guipil: Escribe y Publica tu Pasión* y miembro destacado de la *Comunidad Mujer Valiosa*.

**Para más información y contacto escribe a:**
María del C. Jurado Bequer
E-mail: juradobequermaria@gmail.com

www.ingramcontent.com/pod-product-compliance
Lightning Source LLC
Chambersburg PA
CBHW051110160426
43196CB00029B/2606